Vous êtes capable, vous allez réussir

Michèle Temam

Vous êtes capable, vous allez réussir

Avec la méthode Globalisation, Fragmentation, Plaisir

Odile Jacob

3, rue Auguste-Comte, 75006 Paris

www.odilejacob.fr

ISBN : 978-2-4150-0552-8

À mon père qui me disait toujours :
« Chaque petite chose que l'on a la chance de faire dès le matin est un cadeau de la vie »,
À ma mère qui, par son parcours, m'a enseigné que le plus grand des trésors était la capacité à rebondir,
À mon mari et à mes enfants, petits-enfants et futurs petits-enfants, à toute ma famille, à mes amis, la plupart musiciens ou mélomanes, à mes élèves petits et grands,
Vous avez tous, directement ou indirectement, participé à l'élaboration de cet ouvrage...

« Traiter un individu comme il est, il restera ce qu'il est.
Traiter un individu comme il devrait être, il le deviendra. »

Johann Wolfgang VON GOETHE.

Introduction

Le texte que vous tenez entre vos mains était presque abouti, mais, depuis des semaines, je piétinais, ne parvenant pas à le finaliser, m'autopersuadant que c'était par manque de temps ou parce qu'il était souhaitable d'approfondir tel ou tel aspect du sujet. C'est un banal échange qui allait me permettre de finir de l'écrire. Mon interlocutrice évoquait ses difficultés chaque fois qu'elle désirait se lancer dans un nouveau projet, même si celui-ci lui tenait à cœur. Tout en lui présentant les grandes lignes de mon nouveau livre, suscitant chez elle un vif intérêt, je prenais conscience d'être moi-même en train de souffrir d'une sorte de procrastination m'empêchant d'aller au bout de ce que j'avais entrepris. De retour chez moi, je décidais de raconter l'anecdote qui allait me servir d'accroche et cela se révéla efficace puisque je terminais l'écriture de cet ouvrage sans difficulté en quelques jours.

Vous avez peut-être vécu des situations de blocages analogues à la mienne, ou d'autres… comme devoir vous approprier en urgence une série de documents pour une présentation devant vos collègues de travail et penser ne pas avoir le temps ou le courage de le faire, souhaiter aider un de vos enfants à analyser un roman, mais estimer ne pas posséder les compétences nécessaires, rêver de vous lancer dans l'apprentissage d'une langue ou de la musique et être persuadé de ne plus avoir l'âge ou pas assez de talent, ou tout simplement avoir l'appréhension de lire le mode d'emploi de votre nouvelle machine à laver…

Mon objectif ici est de démontrer que l'on peut tout faire à condition d'y trouver un certain plaisir. Chacun sait qu'il est plus facile de maîtriser ce que l'on aime faire et que l'on finit par aimer ce que l'on maîtrise. Mais quelle est la solution face à un sujet rébarbatif ou une tâche ingrate ?

Je m'intéresse depuis longtemps à l'apprentissage, le sujet qui m'occupe n'étant pas ce qu'on apprend mais comment on apprend pour y trouver du plaisir et gagner en efficacité. Avec la méthode GFP – Globalisation, Fragmentation, Plaisir –, j'ai élargi cette notion à toutes sortes d'activités, pour en faire un mode de pensée qui correspond à la recherche du plaisir de bien faire des tâches les plus sophistiquées aux tâches les plus courantes en donnant du sens à chacune d'entre elles.

Je m'adresse d'abord à tous ceux qui ont du mal à se lancer et à découvrir, à ceux qui peinent à faire et à progresser : je vous propose une méthode pour vous aider à lutter contre ce qui vous inhibe. Mon intention est de vous faire prendre conscience que vous possédez souvent plus de capacités que vous ne l'imaginez. Cependant, j'ai remarqué que même les individus paraissant ne rencontrer aucune de ces difficultés n'exploitent pas l'entièreté de leur potentiel et je m'adresse également à eux.

Je me présente. Je suis radiologue, et j'ai, depuis toujours, accordé beaucoup de mon temps à la transmission du savoir non seulement à mes quatre filles lorsqu'elles étaient scolarisées puis étudiantes, mais également à toutes celles et à tous ceux qui me faisaient confiance, dans des domaines aussi bien scolaires qu'extrascolaires. C'est l'observation des comportements des uns et des autres qui m'a permis de mettre au point ma méthode.

Si l'on veut « apprendre ou faire sans douleur », il me semble que le meilleur moyen est d'avoir le plus rapidement possible une vision générale du sujet ou de la tâche à accomplir. Je vous en suggère une première application dès la lecture de cet ouvrage.

Les Anciens écrivaient en boustrophédon, c'est-à-dire alternativement de gauche à droite puis de droite à gauche sans interruption. C'est l'image que j'ai retenue pour vous proposer un ***pacte de lecture : il consiste à découvrir ce livre le plus vite possible d'une traite, sans nécessairement***

tout analyser au premier passage. Au fil du texte, vous comprendrez pourquoi je vous ai donné ce conseil. J'irai même plus loin puisque je vous présenterai en préambule une vue d'ensemble, qui correspond à ce que l'on aurait pu retenir d'une première lecture de débroussaillage. Cette entrée en matière, sorte de *digest*, dénomination anglo-saxonne de « condensé », vous donnera *a posteriori* une idée de la manière dont j'ai l'habitude d'apprendre ou d'enseigner, en digérant des données brutes, les simplifiant en notions plus faciles à assimiler, et si besoin en les « insufflant » à mes apprenants. Ce premier socle sera suivi d'une progression par paliers vers des explications plus détaillées.

J'ai choisi de dire les choses simplement, en optant pour une écriture narrative ponctuée d'anecdotes personnelles. Je m'appuierai sur des exemples d'application, certains à partir du contenu du livre lui-même, et je vous suggérerai également de faire appel à vos souvenirs pour permettre une argumentation par analogie.

Les neurosciences – en partie validées par des examens radiologiques tels que l'IRM, que je pratique quotidiennement, ou le PET-scan – apporteront de l'autorité aux techniques que je propose, en montrant que celles-ci reposent sur des considérations scientifiques. La compréhension du fonctionnement de notre cerveau, soit le fait de « penser sur ses propres pensées », représente une aide précieuse pour maîtriser ses émotions et ses réactions.

De même, l'effet bénéfique de la métacognition, qui se définit par la prise de conscience de nos processus intellectuels au cours de l'apprentissage, a été démontré. J'ai opté pour des explications simplifiées et le plus souvent imagées.

J'aime découvrir, et cela dépasse largement la curiosité, mais procède d'une sorte de jubilation d'autant plus grande que j'ai à vaincre des difficultés. Quant au plaisir d'enseigner, il est double : certes, celui de transmettre le savoir, mais aussi celui de transformer l'apprenant initialement réticent en un individu heureux d'apprendre. J'essaie en particulier de rendre mon plaisir contagieux grâce au désir mimétique, processus mental reposant sur un substrat organique parfaitement prouvé. C'est sans doute le désir mimétique qui m'a permis de me libérer en faisant rejaillir sur moi-même l'intérêt de mon interlocutrice pour mes propos. J'espère qu'il m'aidera également à capter votre attention de lecteur.

EN PRÉAMBULE

Une vision d'ensemble

La vision d'ensemble est souvent ce qui vient couronner le succès d'un apprentissage réussi. On connaît son sujet quand on a pris suffisamment de recul pour le présenter de façon simple, concise et didactique. Je vous propose donc de commencer par elle, mais sans vous attarder sur les points qui vous semblent trop complexes puisqu'ils seront repris ensuite.

Ce livre se décompose en trois parties.

Dans la première partie, je présenterai les processus mentaux qui nous limitent face à la découverte de la nouveauté et nous empêchent de progresser. On analysera le lien que chacun entretient avec une facette du sentiment de plaisir, ce lien pouvant être nocif ou profitable. Modifier cette relation lorsqu'elle engendre des difficultés pourrait être une solution pour vaincre nos inhibitions. Nous irons découvrir, *à l'intérieur du cerveau, le circuit de la récompense qui sous-tend le sentiment de plaisir,* en partant du principe que comprendre son fonctionnement pourrait en améliorer le contrôle.

Mais cela n'est souvent pas suffisant, raison pour laquelle dans la seconde partie seront exposés les deux grands principes de la méthode que sont la globalisation et la fragmentation, en montrant comment ils agissent sur les facteurs inhibiteurs, facilitant ainsi l'accès au plaisir d'apprendre ou de faire.

La troisième partie représente l'aboutissement d'une bonne méthode.

Reprenons chaque volet du triptyque.

Lever les blocages et atteindre le plaisir… aimer faire

L'analyse des facteurs qui nous frustrent lorsque nous souhaitons nous lancer ou fournir des efforts va nous permettre de découvrir qu'ils sont tous en lien avec les sentiments de plaisir… ou de déplaisir.

La mésestime de soi, le manque de motivation, la procrastination, les difficultés d'attention ou encore la phobie de l'échec sont autant de comportements qui peuvent nous limiter.

La mésestime de soi peut trouver ses origines dans le tempérament ou dans le vécu. Des critiques dévalorisantes, un passé marqué par des échecs itératifs, un cursus scolaire modeste, le fait d'être une femme, parfois, seront des facteurs de manque de confiance en soi.

Beaucoup ont besoin, pour avancer, de motivation extrinsèque, liée à la récompense ou à la punition, et manquent douloureusement de motivation intrinsèque. La motivation intrinsèque ne dépend que de soi-même et repose sur un désir, celui de découvrir grâce à la curiosité, celui de se surpasser, ou encore celui de reproduire le *flow*. Le *flow*, bien connu des sportifs et des artistes, correspond à un état mental de pleine concentration et de zen, qui s'installe peu à peu grâce à un investissement de toute sa personne dans la tâche à accomplir.

La procrastination est un fléau, pas seulement chez les jeunes, car elle sévit aussi dans tout milieu professionnel et au quotidien. Elle correspond à la tendance à remettre au lendemain. Elle témoigne d'une phobie que nous analyserons : phobie de trop gros efforts à fournir ? Phobie de ne pas être à la hauteur ? Phobie de la déception ? Phobie du changement ? Nous découvrirons ce que j'appelle la « phobie du non-savoir », sorte de phobie de l'inconnu.

Les difficultés attentionnelles proviennent de l'existence constante d'objets de distraction, une personne qui passe, un bruit inhabituel, une pensée qui surgit, car nous sommes dans l'impossibilité d'effectuer de façon concomitante deux actions lorsque chacune d'elles engage notre volonté. Mais la plus grande source d'inattention est l'attrait pour nos occupations favorites, celles qui nous apportent le plus de plaisir, et vers lesquelles nous sommes tentés de nous diriger.

Chacun a sans doute remarqué que nous faisons avec plus de facilité ce que nous aimons. Cette constatation m'a conduite à rechercher les liens susceptibles d'exister entre les facteurs qui nous empêchent de nous lancer ou de faire et les sentiments de plaisir ou de déplaisir.

Mais quel plaisir ? immédiat ou différé ? passif ou actif ? plaisir absolu de l'expérience de *flow* ? Nous analyserons les différentes facettes de cette émotion.

Ainsi, d'où vient la mésestime de soi si ce n'est de souvenirs d'échecs et donc de déplaisir ? La motivation extrinsèque n'anticipe-t-elle pas la promesse d'un plaisir ? Moteur de la motivation intrinsèque, la curiosité peut s'apparenter à la quête du plaisir de la découverte. L'envie de se surpasser vise le plaisir d'un challenge réussi et repose sur le goût de l'effort. Le *flow* symbolise l'apothéose du plaisir. La procrastination ne reposerait-elle pas sur un déplaisir face à ce que l'on ne connaît pas ? Enfin, le distracteur de l'attention le plus puissant est la tentation d'un plaisir plus accessible.

Pour mieux prendre le contrôle de cette émotion qu'est le plaisir, je vous propose un voyage dans notre cerveau, à la découverte du circuit de la récompense, mais aussi du circuit de la mémoire qui se situe à proximité, les deux étant largement intriqués. Nous visiterons les centres exécutifs qui orchestrent nos actions. Nous poursuivrons notre périple par une halte dans deux petites régions qui constituent les pivots de nos comportements, que j'assimile à de véritables « commutateurs mentaux » de notre circuit du plaisir. J'ai donné à la première le nom d'« agence de notation » (sorte de TripAdvisor), puisqu'elle accorde à chacune de nos expériences une valence émotionnelle positive ou négative, donc de plaisir ou de déplaisir. La seconde porte le nom scientifique de « centre inhibiteur de l'action » (CIA) et sert d'aiguilleur en bloquant nos réactions réflexes pour faire intervenir notre volonté. Nous verrons comment ces « commutateurs mentaux » peuvent agir sur chacune de nos inhibitions.

Nous finirons par un temps libre vers les neurones miroirs, disséminés dans presque tout notre cerveau, sur lesquels repose le désir mimétique, dont je me sers pour emmener l'apprenant, avec moi, vers le plaisir de découvrir et de progresser. Il repose sur la particularité de notre cerveau d'imiter la personne qui est en face de soi. Chaque fois que je fais un geste de façon intentionnelle, comme boire un verre, regarder mon portable, la personne en face de moi fait de même. Ou plutôt la même région de son cerveau s'allume en miroir de la mienne. Le principe s'applique également pour les émotions. Si mon enthousiasme est communicatif et vous donne envie de poursuivre la lecture de cet ouvrage, je connaîtrai le plaisir différé.

Nous conclurons que le plaisir constitue un pilier de l'apprentissage, à l'origine de la dernière lettre du sigle GFP « Globalisation Fragmentation Plaisir ». Pourquoi la dernière lettre ? Parce que, selon moi, ce sont les clés méthodologiques illustrées par les deux premières lettres qui permettent de prendre vraiment le contrôle du mental.

Une bonne méthode... pour aimer faire

Le chemin de la connaissance devrait passer par deux processus qui se succèdent puis se complètent : la globalisation, qui consiste à avoir rapidement une vision générale du sujet que l'on veut aborder ; et la fragmentation, qui correspond à un découpage. Comme sur un plan de navigation, il est utile d'avoir une idée de l'endroit où l'on va avant de suivre le trajet étape par étape. Ces procédés méthodologiques nous aideront à lever nos inhibitions.

Reprenons.

Accéder rapidement à une vue d'ensemble repose sur le concept de l'holisme : « Tendance de la nature à constituer des ensembles qui sont supérieurs à la somme de leurs parties. » Il est essentiel d'appréhender le plus vite possible la totalité du contenu que l'on souhaite découvrir, ce que je vous ai proposé dès l'introduction avec le pacte de lecture. Pourquoi ? Parce que cette façon de faire permet de prendre le contrôle et rassure. Dans le domaine de l'apprentissage, la lecture est au cœur du sujet. Alors comment accélérer sa vitesse de lecture ?

La lecture n'est pas un processus continu mais repose sur des sauts oculaires : nos yeux fixent un groupe de mots et passent de l'un à l'autre. On accélère si on augmente l'amplitude et la vitesse de ces sauts oculaires. Or notre cerveau cherche à tout comprendre. Sélectionner les idées essentielles et analyser chaque détail correspondent à deux intentions alors que nous sommes incapables d'effectuer deux tâches volontaires à la fois. Pour lire vite, il est nécessaire d'avoir l'objectif unique de synthétiser sans être distrait par une analyse détaillée. Mais comment lutter contre notre besoin de tout comprendre ? C'est notre centre inhibiteur de l'action (CIA) qui nous aiguille vers la voie de la volonté au lieu de la voie réflexe, nous permettant de décider d'avancer et non de nous laisser aller à revenir en arrière.

La lecture rapide est extrêmement efficace pour lutter contre la procrastination par confrontation rapide à la nouveauté, meilleur traitement de la phobie du non-savoir. Par ailleurs, faire l'effort, grâce à notre volonté, de ne pas rebrousser chemin pour tout comprendre canalise notre attention. Retenez bien l'assertion suivante car elle peut vous faire gagner un temps précieux : c'est l'action qui rend attentif et non l'attention qui permet l'action. Comme le soulignait le philosophe Alain : « Le secret de l'action, c'est de s'y mettre », inutile d'attendre d'être concentré pour commencer, attelez-vous à la tâche.

La vision globale ou holistique s'applique non seulement à la découverte d'un document, mais aussi à celle d'une nouvelle discipline, consistant à ne pas s'attarder sur ce que l'on connaît déjà pour s'intéresser à ce qui est nouveau ou plus fragile.

À l'issue de ce premier passage rapide et parfois incomplet, nous avons déjà construit un petit socle de connaissances. Lorsque nous relisons, nous ne sommes plus en terrain inconnu, nous avons déjà gagné en expertise, ce qui améliore la compréhension et donc la vitesse de lecture. Il me paraît plus judicieux de lire vite plusieurs fois qu'une seule fois lentement.

Cette étape participe à l'estime de soi grâce à la prise de conscience de notre progression.

À la suite des remarques de certains réfractaires à la lecture rapide, je tiens à souligner que ce procédé ne s'applique évidemment pas à la « lecture plaisir », celle qui nous fait rêver, nous évader, celle qui nous tient en haleine et qu'on aimerait ralentir au contraire.

Passons à la seconde étape qui, après une vision aérienne du sujet, consiste à zoomer sur les informations en les fragmentant. C'est ce que nous avons l'habitude de faire lorsque nous nous attardons sur les différents paragraphes d'un chapitre. Mais il me semble plus efficace d'effectuer ce que j'appelle des lectures tissées. Cela revient à repérer puis relier des points clés au sein d'un document parce qu'ils se ressemblent ou se complètent, ou bien d'extraire une notion délicate de son contexte pour l'analyser. Pourquoi utiliser ce terme de « lectures tissées » ? Parce qu'elles tissent notre support selon les cheminements de notre propre pensée comme les fils d'un canevas. Elles participent à la sélection des informations en éliminant ce qui n'est pas essentiel.

Ces lectures actives ont, comme la lecture rapide, la particularité de capter notre attention. Par ailleurs, elles participent à notre prise de confiance, car nous prenons possession de notre sujet, nous commençons à le maîtriser.

Nous montrerons que vision globale et lectures tissées ne constituent pas seulement une technique d'apprentissage, mais sont aussi une façon de voir le monde.

Organiser notre savoir… et bien faire

Ces lectures itératives et dirigées aboutissent à une reconstruction personnalisée du savoir sous la forme d'une pyramide inversée au sommet tronqué, image qui symbolise une progression vers le haut s'épanouissant dans toutes les directions à partir d'un socle acquis pendant la lecture rapide. Ayant abordé le sujet sous tous les angles, l'acquisition est harmonieuse, avec des paliers successifs de complexité croissante, chacun symbolisant un certain degré d'expertise.

Il est nécessaire de vérifier que nous savons ce que nous croyons connaître sans craindre les erreurs. Analyser, corriger et exploiter ses erreurs participe à la culture positive de l'échec pour mieux rebondir. C'est un des traitements de la phobie de l'échec.

Notre mémoire ayant une fâcheuse tendance à oublier, consigner par écrit contribue à la consolidation de notre savoir. Constituons notre « petit Wikipédia » selon le principe de l'encyclopédie du Web, qui est d'évoluer constamment. Fabriquons également des fiches miniatures type Post-it. Ce ne sont pas des fiches classiques et exhaustives, mais elles s'appuient sur des points clés qui doivent s'articuler les uns avec les autres avec une fluidité narrative. Un Post-it raconte une histoire. Consigner ce que nous connaissons met également en confiance.

Enfin, étape cruciale, profitons de notre expertise pour transmettre notre savoir, car cela concourt à l'ancrage des informations dans notre mémoire. Préférons le dialogue à l'enseignement à sens unique, car il optimise notre propre enrichissement. Transmettre notre savoir contribue au développement de l'estime de soi.

Ainsi, nous devrions être heureux d'apprendre et de faire, pour apprendre et faire mieux. Et, réciproquement, apprendre et faire mieux peut nous rendre heureux.

Comme le disait Einstein : « Tout le monde est un génie. Mais si vous jugez un poisson pour sa capacité à grimper à un arbre, il passera toute sa vie à croire qu'il est stupide. » Cette citation dit tout : nous ne pouvons pas tout comprendre, tout assimiler, mais nous pouvons faire bien plus que nous le pensons. Tout le monde ne peut pas comprendre la mécanique quantique, tout le monde ne jouera pas d'un instrument de musique comme un professionnel, mais beaucoup d'entre nous n'exploitent pas tout leur potentiel.

Passons à une vision plus complète, qui vous semblera sans doute plus aisée après le préambule, car vous savez de quoi on parle.

PARTIE I

Lever les blocages et atteindre le plaisir… aimer faire

Entre celui qui ose et celui qui n'ose pas, entre celui qui fait et celui qui ne fait pas, existent des traits de personnalité qui libèrent les uns et inhibent les autres. Nous pourrions, comme dans la thérapie analytique, chercher à modifier le chemin mental ayant conduit à chroniciser et amplifier nos blessures et nos troubles, mais cela demande souvent des « années de divan », sans nécessairement trouver de réponse. Le mode d'intervention de la thérapie brève comportementale et cognitive qui donne rapidement des solutions pragmatiques me paraît beaucoup plus adapté.

En analysant les facteurs qui empêchent de se lancer ou de faire, j'ai pu constater que chacun entretenait une relation particulière avec le plaisir ou plutôt avec certaines formes de plaisir… ou de déplaisir.

L'éducation thérapeutique consiste à expliquer le traitement au patient pour l'aider à prendre le contrôle de sa maladie. La métacognition, en nous faisant prendre conscience de notre fonctionnement mental au cours de l'apprentissage, renforce notre implication et notre efficacité. Après avoir présenté le circuit de la récompense, il restera à trouver à quels endroits agir pour vaincre nos résistances et placer le plaisir au centre de la découverte de la nouveauté.

À condition, comme le soulignait Einstein, qu'il n'y ait pas une trop forte inadéquation entre nos capacités et ce que nous entreprenons, il me semble anormal de souffrir en apprenant. *A contrario*, la joie d'apprendre décuplera notre potentiel.

Je m'adresse à tous ceux qui aimeraient découvrir mais que la mésestime d'eux-mêmes paralyse, à ceux qui n'éprouvent aucune motivation, à ceux qui pourraient y arriver s'ils avaient le courage de franchir le pas, à ceux qui ne parviennent pas à rester attentifs, et enfin à ceux qui sont traumatisés par leurs échecs antérieurs. Mais, en réalité, je ne m'adresse pas seulement aux individus en souffrance, mais aussi à tous ceux qui voudraient apprendre à trouver du plaisir devant la chose à faire, pour gagner en efficacité, ou tout simplement pour sublimer leur quotidien.

CHAPITRE 1

Les inhibitions qui nous empêchent d'aimer faire

Une tâche comprend un début, un milieu et une fin. Il faut avoir envie, se lancer, puis rester concentré.

Commençons par définir chacun des facteurs inhibiteurs et cherchons leurs origines, mais sans nous y attarder.

La mésestime de soi

Être conscient de ses capacités mais également de ses limites est la première étape avant d'aborder la nouveauté.

L'estime de soi correspond à l'opinion que l'on se fait de soi-même. Pour certains, elle est en adéquation avec leur niveau. D'autres ont tendance à se surestimer, se lancent les yeux fermés et renoncent face aux difficultés. Enfin, de nombreux individus possèdent le potentiel mais n'en ont pas conscience et se mésestiment.

Je m'adresse à ceux qui doutent d'eux-mêmes. D'où leur vient cette façon péjorative de se juger ?

Nous avons tous un tempérament qui correspond à notre héritage génétique, puis notre vécu nous forge une personnalité qui dépend de notre histoire, c'est-à-dire des contextes familial, scolaire, social et professionnel. L'estime de soi se construit progressivement en se nourrissant de nos expériences et de l'accueil de notre entourage. Ainsi, chacun de nos faits et gestes recueille notre propre regard et le regard de l'autre, voire le sentiment que l'on se fait du regard de l'autre qui dépend également de notre propre tempérament. C'est une construction à base triangulaire entre nous-même, l'autre et les faits. C'est ainsi que des critiques dévalorisantes ou au contraire des exigences parentales extrêmes peuvent engendrer une absence de confiance en soi dès l'enfance. Le perfectionnisme peut être à l'origine d'une distorsion cognitive, car l'individu n'est jamais satisfait et souffre d'un sentiment d'insécurité. Si certains ont la volonté et l'énergie de s'en sortir, d'autres n'essaient pas parce qu'ils s'en croient incapables. Être une femme représente pour certaines un véritable handicap ; cette question continue de faire l'objet de nombreux débats et polémiques ; force est de constater que la proportion de femmes dans les écoles d'ingénieurs ne dépasse pas 20 %, dans le meilleur des cas… Cela vient en grande partie d'idées reçues sur leur manque d'appétence et de compétence en mathématiques.

Beaucoup gardent, durant toute leur existence, le poids de ne pas avoir fait des études longues, ces dernières étant selon eux un gage de réussite.

Enfin, ce sentiment peut s'installer à la suite de la confrontation répétée à l'échec.

Si on analyse chacune des situations précédemment décrites, on peut constater que, finalement, la mésestime de soi est toujours liée à une certaine crainte d'échouer. Ainsi, que l'échec ait été vécu ou soit anticipé, le résultat est le même : la mésestime de soi est le plus souvent corrélée à la phobie de l'échec.

Le manque de motivation

Le terme « motivation » trouve son étymologie dans deux termes : *motivus*, qui veut dire « mobile » au sens de motif pour agir ou de raison d'agir ; et *movere*, dont l'équivalent en français est « mouvoir ». Si on combine ces deux origines, on peut conclure que la motivation vient du « motif qui pousse à se mouvoir », donc à se lancer puis à poursuivre l'action en cours.

On peut distinguer motivation extrinsèque et motivation intrinsèque.

La motivation extrinsèque est la réaction à une contrainte extérieure dans le but d'obtenir une récompense ou d'éviter une punition. Elle est symbolisée par l'expression « la carotte et le bâton »... C'est un procédé bien trop artificiel pour avancer, qui dépend trop de l'autre et pas assez de soi-même.

La motivation intrinsèque permet d'exercer une activité devant conduire à une satisfaction personnelle. Elle peut répondre à la curiosité, c'est-à-dire à la soif de savoir et de comprendre. Elle peut reposer sur le souhait de relever des défis et de se dépasser. Enfin, certains cherchent à atteindre le *flow*, cet état mental bien connu des sportifs et des artistes, qui correspond à une concentration optimale et qui aboutit à une véritable sublimation de soi.

Certains individus ne s'intéressent à rien, n'éprouvent pas le besoin de progresser et n'ont envie de faire aucun effort : ils souffrent de manque de motivation, voire d'amotivation.

La procrastination

La procrastination traduit le fait de reporter sans cesse au lendemain ce que l'on doit faire. Marcel Proust analyse ce comportement dans son œuvre *À la recherche du temps perdu*, sans jamais utiliser le terme lui-même : « Ce mal qui l'avait fait remettre de jour en jour, de mois en mois, d'année en année, [...] l'accomplissement de certains désirs », « Si j'avais été moins décidé à me mettre définitivement au travail j'aurais peut-être fait un effort pour commencer tout de suite. Il valait mieux ne pas choisir un soir où j'étais mal disposé et préférer un début dans les jours qui suivraient... Hélas qui ne devraient pas se montrer plus propices ».

La procrastination s'accompagne souvent de comportements stéréotypés : se lever tard, grignoter pour les uns, fumer pour les autres, traîner à la cafétéria, se réfugier derrière sa série, s'adonner à des jeux vidéo. Et plus le temps passe, plus il devient difficile de s'y mettre, alors que s'installe une culpabilisation et que monte l'angoisse de manquer de temps.

Ces êtres en souffrance essaient parfois de comprendre l'origine de leur trouble et pour beaucoup se posent en victimes, invoquant des raisons pour lesquelles ils ne peuvent rien : « J'ai besoin de me lancer à la dernière minute pour être absolument efficace. » C'est un peu ce que nous explique Proust. C'est vrai pour certains, qui se réveillent tardivement mais avec beaucoup d'énergie... et s'en sortent, n'ayant que des difficultés de démarrage, car la procrastination n'est pas synonyme de paresse. Mais cette attitude conduit droit à l'échec ceux qui sont incapables de rattraper le retard. D'autant que la mise en route peut ne jamais se produire et, comme dit Proust, « préférer un début dans les jours qui suivraient… Hélas, qui ne devraient pas se montrer plus propices ». D'autres individus affirment être trop exigeants avec eux-mêmes et appréhendent tellement de se décevoir s'ils n'arrivent pas à la perfection qu'ils préfèrent ne pas commencer, ce qui pourrait s'apparenter à la phobie de l'échec. Enfin, j'ai développé une théorie qui assimile la procrastination à la « phobie du non-savoir », phobie de ce qu'on ne connaît pas, de l'inconnu, sorte de néophobie ou peur de ce qui est nouveau.

Les difficultés d'attention

L'attention est la concentration de l'activité mentale sur un objet ou une activité.

Le caractère unique de l'activité que présuppose la définition invite à se pencher sur la notion de *multitasking*, terme anglophone qui traduit la capacité à faire plusieurs choses à la fois, et que nous avons tous tendance à pratiquer… Qu'en est-il en réalité ?

Nous pouvons effectuer simultanément et sans difficulté deux ou plusieurs actions automatiques ou devenues automatiques : on peut marcher et écouter de la musique ; un batteur est capable, avec l'entraînement, de jouer un mouvement différent avec chacun de ses quatre membres, car chaque geste est devenu automatique. Il est possible de réaliser ensemble une tâche volontaire et une tâche automatique, par exemple lire en marchant. En revanche, on ne peut pas au même moment répondre à un mail et faire un calcul.

Lorsque l'on fait deux choses volontaires de façon concomitante, on passe avec plus ou moins d'agilité de l'une à l'autre grâce à une sorte de gymnastique cérébrale, et il s'agit de pseudo-multitasking. C'est le cas du pianiste qui lit ses partitions tout en regardant son clavier, écoute ce qu'il joue, observe les autres musiciens s'il pratique en groupe, et peut même s'intéresser à son auditoire. L'écriture sous la dictée est un modèle qui peut donner une très forte illusion ; en fait, elle consiste en un enchaînement d'actions volontaires puisqu'il faut écouter et retenir ce qu'on entend avant de l'écrire ou de le taper ; cette activité repose sur la mémoire de travail, qui retient à court terme les informations auditives pour les restituer sous forme de mots écrits.

Ainsi, pour effectuer plusieurs actions en même temps, une seule d'entre elles peut demeurer volontaire, toutes les autres doivent être automatiques. Puisque le multitasking est impossible, il convient de sélectionner une seule tâche si on veut être le plus attentif possible.

La compréhension du phénomène de l'attention est merveilleusement analysée par Jean-Philippe Lachaux dans son ouvrage *Le Cerveau funambule* (2018).

Ce neuroscientifique explique comment notre « attention est sous l'emprise de nombreux distracteurs qui mettent en jeu notre équilibre attentionnel très instable... » puisque nous sommes incapables de multitasking.

Je compare l'attention à un grand carrefour où les véhicules viendraient de tous côtés et où il faudrait se frayer un chemin sans avoir d'accident. Ne pouvant pas regarder à 360 degrés, on opère donc une sélection à chaque instant.

Si l'on assimile chaque perturbateur de l'attention dont parle Jean-Philippe Lachaux aux avenues qui conduisent à ce carrefour, nous imaginons aisément la difficulté. Ces avenues sont « les informations qui nous parviennent grâce à nos cinq sens, la lecture de nos SMS et de nos mails, les sensations physiques de notre corps, nos pensées, l'habitude » et, enfin, la tentation permanente de faire quelque chose qui nous attire davantage.

Analysons chaque avenue une à une.

Notre cerveau reçoit en permanence des informations du monde extérieur. De façon réflexe et permanente, notre regard présente des oscillations dont la fonction est de surveiller notre champ visuel. Au volant de notre véhicule, nous sommes attirés par tout ce qui défile, mais par instinct de conservation, et sans même en avoir conscience, nous ne fixons pas la vitrine du magasin qui nous plaît. Un collègue passe dans le couloir et risque de nous perturber alors que nous étions occupés à taper un texte et nous poursuivons sans détourner notre regard ;

dans ce cas nous avons dû fournir un effort pour ne pas nous laisser distraire.

Dans notre monde interconnecté, « nos SMS et mails nous submergent et font désormais partie de notre champ perceptif ». Ils ont modifié nos comportements en nous forçant à être toujours à l'affût de la dernière nouvelle. Nous sommes addicts à notre téléphone. Or les données nous parvenant ne peuvent être analysées sans que notre attention soit mise à contribution.

« Nous ne sommes pas seulement soumis aux données externes, mais également aux données internes, celles qui proviennent de notre propre corps. » C'est ainsi que la température, la soif, la faim parviennent aux centres cérébraux de la soif, de la faim, et nous poussent à réagir de façon quasi réflexe en interrompant notre activité.

Et que dire de nos pensées… Il est très difficile de les freiner. Essayez donc de faire un arrêt sur image au cours de cette lecture et analysez ce qui occupait votre esprit. Vous aurez de fortes chances de vous rendre compte que vous étiez en train de fournir un effort pour ne pas penser à autre chose. En effet, le flux de pensées est incessant. Même lorsque nous avons l'impression de ne rien faire, un réseau de *mode par défaut* de notre cerveau est en activité permanente. Son existence a été mise en évidence par les études neuroscientifiques utilisant l'imagerie cérébrale, et l'IRM en particulier. Il a même été prouvé que ces pensées qui nous animent alors portent sur nous-même, sur nos souvenirs, sur notre avenir, sur la planification de notre vie. Nous avons toujours une activité mentale et, quand nous ne sommes pas en action, nos pensées vagabondent autour de notre propre personne.

L'habitude, cette force qui nous pousse à réitérer des expériences, peut à tout moment nous détourner de ce que nous sommes en train de faire et en particulier nous amener à refaire les mêmes erreurs.

Mais le plus grand distracteur de l'attention est sans doute le plaisir. Au cours d'une tâche, nous risquons à tout moment d'en préférer une autre qui nous demande peut-être moins d'efforts et surtout nous réjouit davantage.

La durée de la distraction est un facteur essentiel, car si elle a été intense ou longue, elle peut nous faire perdre le fil de notre pensée. Je vous laisse le soin de vous souvenir de telles expériences, au cours desquelles vous étiez attentifs, et où vous avez eu le malheur de vouloir interrompre votre activité pour vous détendre quelques instants…

La phobie de l'échec

Craindre d'échouer est légitime et n'empêche pas d'essayer. C'est la peur excessive qui est à l'origine de la phobie de l'échec, et conduit à l'évitement. Chacun sait que l'arachnophobie (ou peur des araignées) pousse à ne jamais se trouver face à une araignée, ou qu'une personne agoraphobe (c'est-à-dire qui craint les lieux publics) n'assistera pas à un concert d'Elton John. De même, celui qui a la phobie de l'échec fera tout pour éviter de se confronter à une situation susceptible de l'engendrer.

La phobie de l'échec est le plus souvent la conséquence d'un ou de plusieurs échecs qui ont été mémorisés et ont créé un cercle vicieux appelé « cycle de l'échec ». Mais ce n'est pas toujours le cas, et la phobie de l'échec peut être une des particularités de notre personnalité.

Des inhibitions intriquées

En réalité, il existe des liens étroits entre ces différents facteurs.

Certains procrastinateurs décrivent leur inquiétude de se lancer de peur d'échouer, assimilant leur trouble à une phobie de l'échec responsable de l'évitement. Des pensées négatives obscurcissent l'esprit pendant le temps de l'indécision et véhiculent une image négative venant s'imprimer dans la mémoire, synonyme de mésestime de soi. Ce comportement finit par ressembler à de l'amotivation.

Phobie de l'échec et mésestime de soi sont en lien étroit, comme nous l'avons souligné.

Enfin, au cours de la tâche, la phobie de l'échec peut se traduire par une habitude qui consiste à renoncer à la moindre difficulté, et peut être à l'origine de troubles de l'attention.

Ainsi, tous ces comportements, qui empêchent soit de se lancer, soit de persévérer, font souffrir. Au contraire, chacun de nous a sans doute l'expérience d'une activité qui lui plaît et qu'il effectue sans aucune difficulté.

La métacognition ayant fait la preuve de son efficacité, je vous propose d'analyser le substrat cérébral à l'origine du plaisir et du déplaisir. Cela peut aider à prendre le contrôle de ces émotions.

CHAPITRE 2

Un voyage au circuit de la récompense, pivot du plaisir

Un circuit intriqué

Partons à la découverte des arcanes de notre cerveau (ou encéphale) dans la région du circuit de la récompense. Ce voyage constitue la pierre angulaire de la méthode GFP (Globalisation Fragmentation Plaisir).

Pour vous repérer, je vous propose une carte très simplifiée du cerveau (p. 46).

Il s'agit d'une coupe sagittale interne, c'est-à-dire faite comme si on avait divisé le cerveau en deux en passant par son milieu entre les deux yeux.

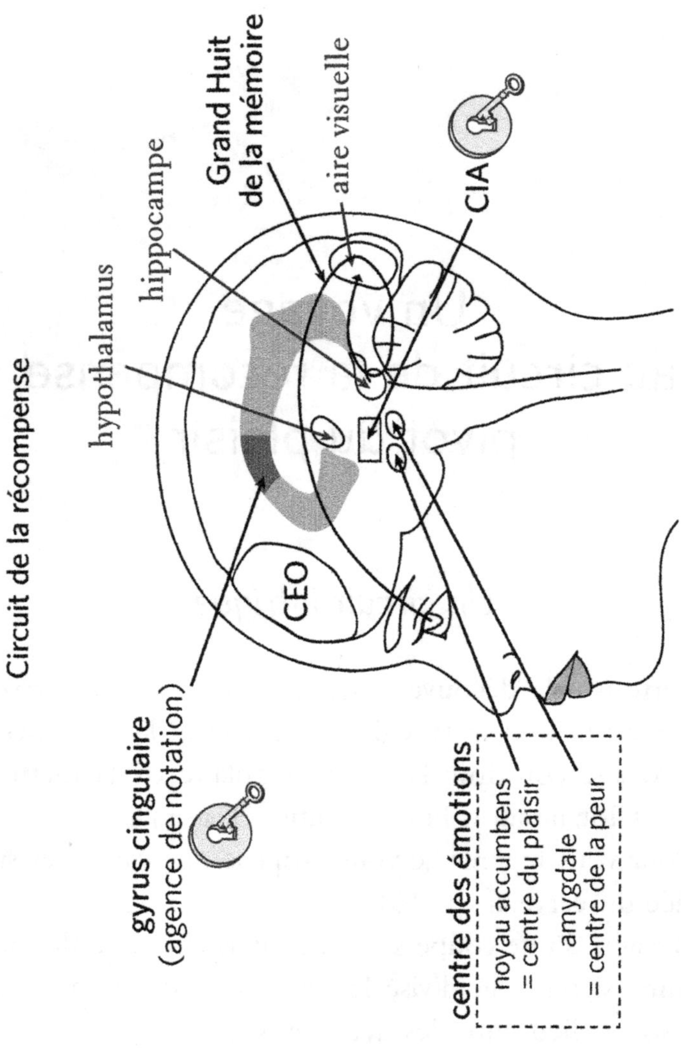
Circuit de la récompense
hypothalamus
hippocampe
Grand Huit
de la mémoire
aire visuelle
CIA
CEO
gyrus cingulaire
(agence de notation)
centre des émotions
noyau accumbens
= centre du plaisir
amygdale
= centre de la peur

Sur ce schéma figurent les régions qui entretiennent des liens avec le circuit de la récompense, le circuit de la mémoire passant par l'hippocampe, les centres exécutifs de commande, le centre inhibiteur de l'action (CIA) et notre agence de notation.

L'encéphale peut être assimilé à une entreprise avec des employés et un directeur général, le CEO (*chief executive officer*), situé juste derrière le front, dont le rôle est de diriger nos actions en assumant les fonctions exécutives ou de commandes.

L'encéphale est divisé en lobes cérébraux, sortes de départements de l'entreprise. Chaque lobe remplit plusieurs fonctions, chaque fonction étant située dans une aire précise au sein d'un lobe.

Les informations provenant du monde extérieur parviennent à notre cerveau par nos organes sensoriels. Elles sont véhiculées grâce aux neurones jusque dans les aires qui remplissent les fonctions correspondantes.

Pour être mémorisées, elles doivent être encodées, c'est-à-dire transformées en réseaux de neurones, dans les aires sensorielles où elles sont arrivées. S'il s'agit d'informations visuelles, elles le seront dans les aires visuelles. S'il s'agit d'informations auditives, elles le seront dans les aires auditives. Nous possédons presque 100 milliards de neurones et chacun d'entre eux est susceptible de former 7 000 nouvelles connexions avec d'autres neurones.

Selon la durée du stockage, on distingue la mémoire à court terme et la mémoire à long terme. Comment passe-t-on de l'une à l'autre ? Si les informations demeurent dans les aires sensorielles, elles glisseront rapidement dans l'oubli par disparition des réseaux de neurones qui ont été formés. Au contraire, au départ des aires sensorielles, elles peuvent emprunter le circuit de la mémoire qui ressemble à une boucle et que je dénomme le *Grand Huit de la mémoire*. Elles passent nécessairement par une sorte de *guichet d'entrée*, portant le nom scientifique d'hippocampe, en raison de sa forme. Après ce passage obligé, elles retournent vers ces mêmes aires sensorielles. L'hippocampe assure le passage de la mémoire à court terme vers la mémoire à long terme.

Selon le type d'informations, on distingue la mémoire des connaissances générales (mémoire sémantique) et la mémoire de notre propre vie (mémoire épisodique). Nous savons tous que Paris est la capitale de la France et qu'une journée compte vingt-quatre heures : il s'agit de mémorisation sémantique. Au contraire, nous sommes seuls à avoir le souvenir de notre propre vie, des événements personnels qui la ponctuent, nous sommes seuls à connaître exactement notre emploi du temps de la veille : il s'agit de mémorisation épisodique. Les aires sensorielles, visuelles ou auditives sont les sièges de la mémoire sémantique. L'hippocampe est le siège de la mémoire épisodique. Notre hippocampe constitue la bibliothèque cérébrale de notre vécu.

Ainsi, l'hippocampe remplit deux fonctions : c'est le *guichet d'entrée* du *Grand Huit de la mémoire* qui assure le passage de la mémorisation à court terme vers la mémorisation à long terme, et c'est aussi le siège de la mémoire épisodique. La mémorisation des connaissances générales à long terme passe donc par une structure qui stocke les informations personnelles. Cette intersection explique l'associativité des mémoires sémantique et épisodique. Nous nous servons de cette propriété pour nous souvenir d'une notion sémantique grâce à une donnée épisodique. C'est le cas lorsque nous nous rappelons des paroles d'une chanson en évoquant la personne à laquelle on la chantait. Un autre exemple serait, pour un médecin, de se souvenir des caractéristiques d'une pathologie en se remémorant le patient qui en était atteint.

Les centres des émotions, constitués du centre du plaisir (noyau accumbens) et du centre de la peur et de la punition (amygdale), sont situés à proximité de l'hippocampe. Le centre du plaisir sécrète des molécules dont la dénomination est très explicite. C'est ainsi que la dopamine a pour effet de stimuler le cerveau ; c'est elle qui est sécrétée en excès lors de la prise de drogues comme la cocaïne ; c'est la molécule du dopage, celle qui donne la force de poursuivre les efforts. La sérotonine participe à la sérénité ; elle entraîne également une diminution de la sensation d'efforts à fournir et donne plus de valeur à la récompense. Les endorphines agissent sur des récepteurs opiacés, c'est-à-dire sur les récepteurs sur lesquels se fixe l'opium pour avoir de l'effet, mais elles ne sont pas des équivalents de l'opium ; elles apaisent l'anxiété et le stress, diminuent la sensation de douleur et d'effort ; ce sont elles qui favorisent l'endurance chez le sportif.

Notons que la proximité de l'hippocampe et du centre des émotions explique pourquoi nous nous souvenons davantage d'un événement marquant sur le plan émotionnel. Cela provient de la diffusion de molécules depuis le centre des émotions vers l'hippocampe, venant stimuler le stockage des informations à son niveau. À nouveau, par transitivité, la mémorisation des connaissances générales est améliorée par un contexte émotionnel plus marqué.

Nous allons faire une pause sur deux structures cérébrales qui me paraissent essentielles pour la suite. Il s'agit du gyrus cingulaire, que je nomme « agence de notation », et du centre inhibiteur de l'action (CIA), pivots de notre relation au plaisir de l'effort. Je les désigne comme nos *commutateurs cérébraux*, car je m'appuie sur leur fonctionnement pour vaincre nos inhibitions.

Notre agence de notation

Au-dessus de l'hippocampe et des centres des émotions se trouve le gyrus cingulaire, notre agence de notation. En effet, comme une agence de notation, il nous dit si une expérience vaut la peine ou non d'être vécue à nouveau en la comparant à des expériences analogues logées dans notre hippocampe, gardien de la mémoire de notre vécu. Autrement dit, il nous permet de juger par rétroaction ou feed-back si une expérience apporte du plaisir ou du déplaisir. Les expériences qui ont entraîné du plaisir possèdent une valence positive. Celles qui ont engendré de la souffrance, ou tout au moins une impression désagréable de déplaisir, possèdent une valence négative. Certaines expériences ne possèdent pas de valence et sont neutres si aucune expérience similaire n'a été mémorisée, comme c'est souvent le cas chez le jeune enfant.

Le centre inhibiteur de l'action ou CIA

Avant d'expliquer le fonctionnement du CIA, rappelons la différence entre une réaction réflexe et une réaction volontaire.

Face à une information, nous pouvons réagir soit de façon réflexe, soit de façon volontaire.

La voie réflexe ne passe pas par le bureau du CEO (*chief executive officer*) contrairement à la voie volontaire. Par exemple, si on touche malencontreusement une plaque chauffante, on a un geste spontané du bras pour retirer la main et on pousse un cri de douleur. Les réseaux de neurones sensoriels sont allés directement se connecter aux réseaux de neurones moteurs pour effectuer le geste de la main, sans attendre une quelconque réflexion de notre part. Le centre du langage a été aussi mis en éveil puisque nous avons poussé un cri.

La voie volontaire, au contraire, passe par le bureau du CEO. Toutes les informations y sont rassemblées, analysées, comprises, classées, hiérarchisées, avant d'être utilisées pour effectuer des actions décidées et planifiées selon notre volonté. Ce peut être des mouvements du corps ou d'une partie du corps, ou l'expression orale d'une phrase.

Le centre inhibiteur de l'action (CIA) est situé juste au-dessus de l'hippocampe. Son rôle est de modifier l'aiguillage en bloquant la voie des actions réflexes et en stimulant notre pouvoir décisionnel passant par le CEO.

Comment interagissent *ces deux* commutateurs du cerveau *dans la recherche du plaisir ?*

Par confrontation à des expériences similaires gardées en mémoire épisodique dans l'hippocampe, notre agence de notation attribue une valence à chacune de nos nouvelles expériences.

Puis, selon l'aiguillage du CIA (centre inhibiteur de l'action), quatre situations sont possibles.

Spontanément, de façon réflexe, nous réitérons une situation à valence positive, c'est-à-dire agréable, et nous évitons une situation à valence négative ou désagréable. C'est ainsi que, par habitude, nous préférons regarder notre série préférée que nous atteler à une tâche plus contraignante.

Au contraire, de façon volontaire, nous pouvons éviter une expérience à valence positive et répéter une expérience à valence négative. C'est ainsi que nous déciderons de ne pas regarder notre série et que nous nous attellerons à la tâche même si celle-ci nous rebute.

On peut schématiser les quatre situations de la façon suivante :

- Expérience à valence positive réitérée de façon réflexe : E + / R +
- Expérience à valence négative évitée de façon réflexe : E – / R –
- Expérience à valence positive évitée de façon volontaire : E + / V –
- Expérience à valence négative réitérée de façon volontaire : E – / V +

Nous verrons que chaque réaction illustre notre comportement face à nos inhibitions et correspond à la mise en jeux de nos deux *commutateurs cérébraux*.

Finalement, c'est quoi le circuit de la récompense ?

Dans ce qui précède ont été analysés des circuits, des fonctionnements, qui font directement ou indirectement partie de ce système merveilleux à l'origine du plaisir. Il ne me semble pas nécessaire de pousser plus loin l'analyse. Il faut surtout retenir qu'il existe au sein de notre cerveau deux manettes sur lesquelles il est possible d'agir pour nous rendre heureux de faire ou d'apprendre.

CHAPITRE 3

Les différentes facettes du plaisir au cours de l'apprentissage

Il n'y a pas un plaisir mais différentes formes de plaisirs liées à la situation de découverte ou d'apprentissage. Certains plaisirs nous aident à nous lancer ou à poursuivre, d'autres empêchent ou inhibent notre progression.

Plaisir immédiat et plaisir différé

La quête du plaisir est une pulsion qui se manifeste dès la naissance, guide nos premiers pas, la découverte du monde, notre expérience, donc nos erreurs et nos réussites. Pendant la première période de sa vie, l'enfant cherche et ne ressent que le plaisir immédiat. S'il est en train de jouer à un jeu de construction et qu'on lui présente un gâteau, il cessera son activité, s'emparera de la friandise qui lui fera souvent oublier son activité en cours. Puis il apprend le danger et, progressivement, va le prendre en considération. Si, pour attraper ce biscuit, il doit se lever de sa chaise haute alors qu'il a déjà fait l'expérience de la chute, il préférera appeler l'adulte qui le surveille. Si personne ne répond, il continuera à jouer et renoncera. Ainsi, il a mémorisé des situations et les prend désormais en compte : il fait preuve d'anticipation.

Ensuite, il acquiert la capacité d'abstraction et commence à planifier pour être le plus efficace possible.

Il connaît alors le plaisir différé que la fameuse expérience du marshmallow a démontré. On présente une guimauve à des enfants et on leur propose deux options : la manger immédiatement ou bien résister à l'envie en ne la mangeant pas immédiatement et être récompensé de cette attente par le gain d'une deuxième guimauve un peu plus tard. Le premier comportement correspond au plaisir immédiat, le second comportement au plaisir différé.

Plaisir immédiat et plaisir différé sont deux entités qui possèdent des caractéristiques opposées, par le délai entre l'effort à fournir et le résultat espéré et par la certitude ou non d'accéder à la récompense. Le plaisir différé nécessite une qualité supplémentaire par rapport au plaisir immédiat qui est celle de l'anticipation. L'enfant commence par malaxer la pâte à modeler pour le plaisir avant de la sculpter pour en faire un objet dont il est l'auteur.

C'est ainsi que, face à une situation apportant un plaisir immédiat, le CEO peut planifier l'exécution d'une tâche, même si celle-ci provoque du déplaisir immédiat par les efforts qu'elle demande, à condition qu'elle provoque un plaisir différé grâce à l'obtention d'une récompense quelle qu'elle soit, matérielle ou mentale. Ce processus passe par l'intervention des deux *commutateurs cérébraux* que sont notre agence de notation et le CIA. Dans ce cas, notre agence de notation a préféré la situation anticipée à la situation immédiate, et c'est le centre inhibiteur de l'action (CIA) qui a détourné le système d'aiguillage de la voie réflexe vers la voie volontaire.

Cependant, parfois, et en particulier chez le jeune enfant, aucune situation similaire n'existe en mémoire, ce qui incite à choisir le plaisir immédiat face au plaisir différé.

Plaisir passif et plaisir actif

Le plaisir passif correspond au plaisir auquel on accède sans effort. C'est le choix de ceux qui fréquentent les réseaux sociaux ou regardent leur série préférée sur Netflix. Le plaisir actif correspond au plaisir auquel on accède en fournissant des efforts.

Assister à la finale de Roland-Garros ne revient pas à faire un match de tennis. Ce n'est pas la même chose d'écouter de la musique et de jouer d'un instrument. L'écoute peut procurer des sensations intenses, mais l'exécution peut apporter, en plus de ces mêmes émotions, la satisfaction du challenge réussi.

Ces distinctions s'appliquent dans tous les domaines : sportifs, artistiques, intellectuels, professionnels et même quotidiens.

Relations plaisir passif/actif, et plaisir immédiat/différé

Plaisir passif et plaisir actif peuvent s'inscrire l'un et l'autre dans la catégorie des plaisirs immédiats et différés. Quelques exemples :

- J'écoute mon émission favorite, je vis un plaisir passif et immédiat.
- Je termine ce que je suis en train de faire avant d'écouter mon émission préférée, j'anticipe un plaisir passif différé.
- Je suis en train de faire du piano, je vis un plaisir actif et immédiat.
- J'ai programmé une séance de piano après avoir terminé ce que je fais, j'anticipe un plaisir actif différé.

Plaisir addictif

Une addiction est une dépendance à une substance ou à une activité, ayant des conséquences néfastes sur la santé de la personne affectée. Elle peut être favorisée par des facteurs environnementaux ou liée à l'individu. On parle de dépendance lorsqu'on souffre du syndrome de sevrage à l'arrêt brusque de la consommation.

Il semblerait que la pratique des jeux vidéo améliore certaines capacités intellectuelles, au point qu'être expert dans certains jeux pourrait être mentionné dans son curriculum vitæ. Mais il s'agit d'une exception et, le plus souvent, c'est un loisir chronophage, inutile et néfaste. La pratique des jeux vidéo peut même devenir une addiction. Celle-ci concerne une partie importante de la population puisque 0,5 à 4 % des joueurs sont dépendants. Son impact est si important que, depuis 2018, l'addiction aux jeux vidéo est reconnue comme une maladie à part entière par l'Organisation mondiale de la santé (OMS). Elle porte le nom de *gaming disorder*. L'OMS la définit comme « un comportement lié à la pratique des jeux vidéo ou des jeux numériques qui se caractérise par une perte de contrôle sur le jeu, une priorité accrue accordée au jeu, au point que celui-ci prenne le pas sur d'autres centres d'intérêt et activités quotidiennes, et par la poursuite ou la pratique croissante du jeu en dépit de répercussions dommageables ». Elle représente un véritable fléau pour notre jeunesse, à l'origine de bon nombre d'échecs scolaires, de troubles de l'attention et du sommeil, et empêche de s'intéresser à d'autres activités.

Le plaisir addictif, souvent passif, est le plus grand ennemi du plaisir différé.

Le *flow*

J'ai vécu le *flow* bien avant de connaître le concept de cette expérience jubilatoire. Je consacrais à une époque beaucoup de mon temps libre à la peinture et j'avais remarqué que me plonger dans cette activité me faisait progressivement ressentir un état de bien-être extrême, une sorte d'immersion totale avec l'impression de n'avoir besoin de rien, en particulier de n'avoir ni faim ni soif. Cet état se prolongeait pendant toute la durée de la séance et me faisait perdre la notion de temps à tel point qu'il m'arrivait de peindre un après-midi entier sans m'être rendu compte que la journée était passée. Alors qu'initialement je devais fournir des efforts, j'étais progressivement entraînée par une sorte de force extérieure, m'amenant à réaliser des prouesses techniques. Guidée initialement par l'objectif de parvenir à un résultat satisfaisant, je finissais par l'oublier pour profiter uniquement de cette sorte d'enchantement dans lequel je me trouvais.

J'ai commencé à analyser ce phénomène après la lecture de l'ouvrage de Betty Edwards, *Dessiner avec le cerveau droit*. L'auteur y explique comment l'artiste passe de l'exploitation de son cerveau gauche, le cerveau de la raison, avec une forte conscience du temps qui passe, à celle de son cerveau droit, siège de la créativité où la notion du temps disparaît. J'avais même appris à percevoir la bascule d'un état de concentration volontaire à un état de zen que j'avais dénommé « passage en hémisphère droit ».

Je vis cet état de grâce lorsque j'étudie ou lorsque j'enseigne pendant plusieurs heures. Mais il m'arrive de ressentir la même chose au cours d'activités quotidiennes comme m'occuper de mes papiers ou ranger mes placards.

On ne peut évoquer le *flow* sans parler de son auteur, Mihàly Csíkszentmihalyi, qui fait partie du courant de la psychologie positive et qui, dans les années 1970, en donne les critères.

Le *flow*, qui vient de « flux », encore dénommé « zone », correspond à un état mental de concentration maximale, de plein engagement, atteint par une personne totalement plongée dans une activité. Cette activité, qui a nécessité des efforts lors de la mise en route, semble alors se poursuivre sans peine et paraît tellement absorbante qu'on peut la qualifier d'« optimale ». Les autres besoins apparaissent négligeables et disparaissent ; en particulier s'opère une distorsion de la perception du temps.

Il s'agit d'une expérience suprême où les émotions sont au service de la performance et de l'apprentissage. « Il existe une complète fusion entre le sujet et son objet, avec perte de la conscience de soi ». Et, en même temps, on a la sensation d'un contrôle parfait avec un « sentiment de puissance », un repérage exact des difficultés et un comportement ajusté. Cela s'accompagne d'un « sentiment de potentielle réussite et de satisfaction ». Pour l'auteur, le *flow* se rapproche des expériences de spiritualité comme le bouddhisme par l'état de grande sérénité, et même l'enchantement profond et magique, qu'il procure. « Les frontières de notre être sont repoussées, nous sommes transportés, nous connaissons la sublimation. C'est un état de transcendance. »

Cet état second est bien connu des sportifs ou des artistes. Il est l'aboutissement d'un plein engagement, physique et mental pour les uns, intellectuel et mental pour les autres. Il s'agit par exemple du marathonien qui, au bout de quelques kilomètres difficiles, ressent ce mélange de plaisir et de performance et ne souffre plus de l'effort qu'il fournit.

Le *flow* correspond vraisemblablement à la sécrétion d'endorphines.

Il est souvent la traduction d'une véritable passion. C'est la patience qui conduit au plaisir absolu du *flow*, apothéose du plaisir dans l'effort. Je parle volontiers des 3P – Plaisir, Passion, Patience –, tout en évoquant un certain paradoxe. En effet, la passion s'apparente plutôt à un tumulte mental, on parle de torrent des passions... Or réaliser sa passion nécessite beaucoup de patience initiale. C'est probablement ce paradoxe qui constitue un frein empêchant de se lancer. Si on réussit à vaincre l'appréhension initiale, grâce au *flow*, le sentiment de faire des efforts s'estompe progressivement et on avance sans souffrir.

Dans ce qui va suivre, j'aimerais vous convaincre pourquoi vous devriez essayer d'atteindre le *flow* en proposant une argumentation par analogie. Je vous invite donc à chercher dans vos souvenirs une expérience qui vous a plongé vers un état d'immersion totale et de concentration optimale, mais qui n'a pas nécessité d'efforts. Il ne s'agit donc pas à proprement parler de *flow* au sens donné par la psychologie positive. Il peut s'agir d'un concert auquel vous avez assisté, ou, moins glorieux, des longs moments passés à pratiquer vos jeux vidéo ou à naviguer sur les réseaux sociaux. Je suis persuadée que vous êtes capable d'apprendre à vivre cet état de grâce au cours d'activités plus productives ou créatives. Il vous faudra accepter des efforts initiaux et un peu d'anticipation, mais le plaisir différé sera au rendez-vous. Il me semble possible d'atteindre le *flow* au cours de n'importe quelle activité, aussi banale soit-elle. Apprendre à atteindre le *flow* et en avoir conscience peut transformer votre façon de voir les choses et devenir un véritable mode de pensée.

CHAPITRE 4

Tous les facteurs qui nous inhibent sont liés à notre relation au plaisir

En préambule, j'aimerais émettre une réserve à propos de l'idée qu'il faudrait laisser l'enfant choisir ce qu'il souhaite apprendre qui devient coutume. Que faire quand il éprouve de l'aversion pour certaines disciplines ? Faut-il l'en dispenser ? Je pense qu'il faut au contraire aider l'individu à sortir de sa zone de confort et lui donner les moyens de tout aimer faire et découvrir. Cela revient à transformer chaque effort en joie, chaque difficulté en challenge, et à ne pas refuser l'obstacle.

Dans ce qui va suivre, nous nous attacherons à comprendre quelle relation au plaisir d'apprendre ou de faire entretient chaque facteur inhibiteur de l'apprentissage ou de la tâche à accomplir. Nous pourrons alors imaginer sur quel commutateur du cerveau nous pouvons agir : agence de notation ? centre inhibiteur de l'action ?

Plaisir et estime de soi

L'estime de soi revient à la somme des valences émotionnelles de chacun de nos actes, positive ou négative, qui, mises bout à bout, nous donnent une image de nous-même valorisante ou non. L'estime de soi est donc bien liée au circuit du plaisir et plus exactement à notre agence de notation.

Le blocage vient, comme nous l'avons dit, d'une mésestime de soi-même parce que l'on pense ne pas être à la hauteur. Quelles qu'en soient les origines, nous avons souligné que la mésestime de soi peut s'assimiler à une phobie de l'échec, que la peur soit fondée ou non.

Comment agir mentalement pour vaincre cette appréhension ?

L'adéquation entre le niveau de l'individu et ce qui lui est demandé est un premier gage de réussite. La trop grande facilité conduit souvent à se désintéresser. La trop grande difficulté engendre une crainte qui démotive. Proposer des tâches adaptées et augmenter progressivement le niveau de difficulté met en confiance, car cela crée des souvenirs à valence positive.

Lorsque j'enseigne, j'utilise volontiers un autre procédé dénommé « effet Pygmalion ». Il s'agit d'une prophétie autoréalisatrice qui consiste à anticiper la réussite d'un individu en le persuadant qu'on croit en ses capacités. Cela revient à imaginer une situation positive avant que celle-ci n'aït eu lieu, et à l'imprimer dans la mémoire comme si elle s'était déjà réalisée, servant désormais de référence. Pour notre agence de notation interne, cela agit comme un leurre qui fonctionne lorsqu'il vient d'une autorité extérieure, comme celle d'un enseignant ou d'un modèle.

L'effet Pygmalion a été démontré par des expériences avec des enfants à qui l'on a fait passer des tests. Les notes ont été transmises au professeur et à chaque élève de façon aléatoire, c'est-à-dire qu'elles ne correspondent pas nécessairement à celles obtenues. De nouveaux tests ont été réitérés quelques mois plus tard, et les élèves à qui avaient été attribuées les meilleures notes ont obtenu les meilleurs résultats.

Ce procédé est applicable dans tous les domaines, au quotidien, en milieu scolaire et en milieu professionnel. Le manager qui affirme à ses collaborateurs qu'il a confiance en leur capacité obtiendra sans doute un meilleur investissement que celui qui leur fait comprendre qu'il doute de leurs compétences. Cette constatation confirme d'ailleurs que l'estime de soi s'inscrit dans une relation, non seulement avec soi-même mais également avec l'autre.

Plaisir et motivation

La motivation extrinsèque est mue par la recherche de la récompense, et donc du plaisir différé, et par la fuite de la punition, donc du déplaisir.

Les trois processus qui répondent à la motivation intrinsèque sont en lien intime avec le plaisir différé et actif, qu'il s'agisse de la curiosité, du défi de se surpasser, ou de la quête du *flow*. En effet, dans toutes ces situations, il faut être capable d'anticiper la satisfaction ou le plaisir en acceptant de faire des efforts.

Plaisir et procrastination

Les raisons invoquées par l'individu pour expliquer l'origine de sa procrastination sont nombreuses, et chacune d'entre elles entretient une relation particulière avec le plaisir.

Certains procrastinateurs affirment gagner en efficacité lorsque le temps vient à manquer, et s'y mettent tard. Cela correspond à un challenge pour l'individu, donc à un plaisir anticipé et actif puisqu'il faudra redoubler d'efforts. Avec beaucoup d'humour, John Perry, professeur de philosophie à l'Université de Stanford, fait l'apologie de ce comportement dans son ouvrage *La Procrastination positive*. Selon moi, au contraire, la procrastination fait perdre beaucoup de potentiel à l'individu, et il vaut mieux trouver des solutions pour en guérir.

Quelques individus invoquent la peur de se décevoir, assimilant la procrastination à la phobie de l'échec. Or, chez les personnes souffrant de procrastination, on a découvert une hypertrophie du centre de la peur, dont le corollaire est l'exacerbation des peurs, et une anomalie de connexion entre le centre de la peur et notre agence de notation qui perd de sa fiabilité, à l'origine d'une mauvaise évaluation du danger.

La phobie du non-savoir, définition de la procrastination que je préfère, correspond à une sorte d'incapacité à anticiper un quelconque plaisir différé dans la satisfaction de la chose faite.

Enfin, le blocage que j'ai vécu avant de finir l'écriture de cet ouvrage me semble avoir relevé d'une sorte de besoin de perfection. Je me suis raisonnée en prenant conscience que tout dire n'est pas nécessaire, l'important étant de faire passer au mieux les messages et d'accéder à la satisfaction de réussir le challenge qu'on s'était fixé, en l'occurrence l'écriture de cet ouvrage. C'est encore le plaisir qui m'a guidée.

Plaisir et attention

Dans l'esprit général, en dehors des troubles de l'attention avec hyperactivité (connus sous l'acronyme de TDA/H), l'attention est régie par notre volonté, comme l'illustrent les sermons des parents à leurs enfants qui ne travaillent pas : « Concentre-toi ! » Cette injonction est bien réductrice, car il ne suffit pas de le vouloir pour rester concentré.

En effet, notre attention est en équilibre instable, sans cesse sollicitée par des distracteurs qui ont été analysés. En réalité, chacun des distracteurs de l'attention est lui-même en relation avec le plaisir ou le déplaisir immédiat. C'est ainsi que pour rester attentif, nous devons résister au plaisir de regarder la vitrine qui nous plaît pour éviter l'accident de voiture, nous devons vaincre l'envie de rejoindre notre collègue à la cafétéria et poursuivre notre tâche. Nous devons nous abstenir d'ouvrir nos e-mails alors que nous pouvons y être poussés par le plaisir de découvrir une bonne nouvelle ou la peur d'en apprendre une mauvaise. Assouvir notre faim ou notre soif répond au plaisir simple de répondre à nos besoins primaires.

Mais ce qui nous menace le plus est ce que nous aimons et avons l'habitude de pratiquer. Et, de fait, au cours de toute activité, qu'elle soit choisie ou imposée, nous sommes en permanence livrés à un combat intime entre ce qu'on est en train de faire et ce qu'on aimerait faire. Si nous aimons la tâche que nous effectuons, il y aura un jeu d'équilibre entre l'intensité des plaisirs, expliquant la première partie de la formule : nous maîtrisons mieux ce que nous aimons faire…, à laquelle j'ajouterai : car il nous est plus facile de rester attentif. Au contraire, découverte et complexité peuvent nous conduire vers l'inattention, surtout si nous avons l'habitude de baisser les bras devant la moindre difficulté. Notre agence de notation joue donc un rôle majeur dans l'équilibre de notre attention, en hiérarchisant le plaisir… ou le déplaisir que procure chaque activité. Et c'est encore notre centre inhibiteur de l'action (CIA) qui nous aiguillera pour éviter la fuite réflexe et emprunter la voie de la poursuite volontaire.

L'attention est une formidable source d'énergie psychique, la clé de notre développement intérieur ; elle nous libère de notre « soumission ou de notre servitude volontaire » au plaisir immédiat et nous élève vers une expérience choisie. Le chemin que prend notre attention guide notre vie, c'est le moteur de notre existence. Mais pour apprendre à se concentrer même dans les situations difficiles il faut anticiper le plaisir différé de la récompense. De ponctuelle, cette capacité anticipatoire devient constante et peut changer notre façon d'appréhender les situations d'apprentissage ou les tâches obligatoires, de moins en moins souvent vécues comme des contraintes.

Plaisir et phobie de l'échec

L'ensemble de nos résultats scolaires, extrascolaires puis professionnels laissent une trace dans notre mémoire épisodique avec une valence positive lorsque nous réussissons ou une valence négative lorsque nous échouons.

Analysons plus en détail notre relation à l'erreur et à l'échec. Elle évolue au cours de notre existence.

La relation de l'enfant à l'erreur est constructive, il apprend en tâtonnant, tombe et se relève spontanément. C'est l'adulte qui, progressivement, va changer le statut de l'erreur et faire qu'elle est vécue de façon péjorative au point d'influencer la construction de la personnalité. L'erreur et l'échec étant le plus souvent suivis de sanction, ils impriment dans notre mémoire une image négative qui risque de conduire de façon automatique à l'évitement.

Au contraire, la culture positive de l'échec consiste à rebondir pour s'améliorer. Elle met en jeu, sur le plan cérébral, non plus la voie réflexe mais la voie volontaire qui passe par le CEO, notre *chief executive officer*, à la direction du centre de commandes, grâce à un aiguillage intelligent de la part du centre inhibiteur de l'action (CIA).

On m'a rapporté la remarque suivante faite lors d'une conférence dans un incubateur de start-up : « Celui qui est sûr de lui au moment où il lance sa start-up l'a lancée trop tard. » Cette réflexion un peu déroutante nous invite à ne pas avoir peur de nous lancer trop tôt, car c'est l'erreur qui permettra de progresser. Si on attend la perfection, il est probable que quelqu'un d'autre aura pris notre place.

La culture positive de l'échec est une façon de lutter contre la mésestime de soi, le plus souvent en lien avec la peur fondée ou infondée de l'erreur. Vivre l'erreur non comme une souffrance, mais comme une opportunité de progresser, est une façon de lutter contre nos blessures, de ne pas renoncer face aux difficultés.

Comment chaque expérience influence la suivante

Reprenons les quatre situations évoquées au chapitre sur le circuit du plaisir. Au cours de l'expérience que nous vivons, nous pouvons réagir de quatre façons différentes, en fonction de la valence accordée à une situation antérieure similaire analysée par notre *agence de notation* et impliquant une réaction dirigée par notre *aiguilleur* représenté par notre centre inhibiteur de l'action (CIA). Pour chacune de nos réactions, précisons à quel comportement elle fait référence.

- Expérience à valence positive reproduite de façon réflexe : E + / R +
- Expérience à valence négative évitée de façon réflexe : E – / R –

Ces deux situations traduisent l'habitude.

- Expérience à valence positive évitée de façon volontaire : E + / V – : cela correspond à renoncer au plaisir immédiat pour rechercher le plaisir différé.

– Expérience à valence négative reproduite de façon volontaire : E – / V + : cela s'inscrit dans la lutte contre l'échec.

Les différents arguments développés dans les chapitres qui précèdent ont, je l'espère, souligné l'intérêt, et même la nécessité d'aimer faire pour bien faire. C'est ainsi qu'en guise de conclusion je vous propose un passage en revue de quelques notions qui me paraissent essentielles.

La clé de la réussite : aimer faire

- La clé de la réussite revient à celui qui aime faire pour faire, quel que soit le contenu, pour le plaisir du challenge et de l'estime de soi.
- L'intervention de la mémoire épisodique et de la valence émotionnelle qui accompagnent toute expérience joue un rôle essentiel.
- Celui qui sait que l'effort va mener vers la réussite a plus de facilité à reproduire cet effort. Avoir conscience de son potentiel met donc en situation de réussir.
- Comme l'affirmait Épictète au Ier siècle avant J.-C. : « Les hommes ne sont pas effrayés par les choses, mais par la façon dont ils les voient. »

CHAPITRE 5

Le désir mimétique peut faire rayonner le plaisir de faire

Introduction

Ce concept a bouleversé mon existence dans la gestion des relations avec l'autre et a trouvé en particulier une application majeure dans la pédagogie. Je l'utilise, en toute humilité, pour communiquer aux apprenants (et aux lecteurs) mon plaisir de découvrir et de progresser.

Le cerveau mimétique trouve ses origines dans une confrontation entre la théorie de René Girard sur le désir mimétique et la découverte des neurones miroirs par une équipe de neuroscientifiques de l'école de Palerme en Italie, dirigée par Giacomo Rizzolatti en 1996.

L'attraction du modèle

Dans son ouvrage *La Violence et le Sacré*, paru en 1972, René Girard, philosophe et anthropologue français, observe que le genre romanesque repose souvent sur un élément commun qu'il dénomme désir mimétique, le propre du désir de l'individu étant de mimer celui de l'autre. Ce principe est en particulier à l'origine du triangle amoureux qui repose sur le fait qu'on aime l'individu qui est désiré par l'autre. La lecture du livre de René Girard par le docteur Jean-Michel Oughourlian, psychiatre français, débouche sur une amitié et une collaboration qui vont durer jusqu'à la mort de Girard en 2005. Oughourlian applique cette théorie à l'observation psychologique du genre humain et constate qu'elle gouverne l'ensemble des relations entre les individus. Il va même porter un nouveau regard sur la psychiatrie. De façon très simplifiée, on copie celui qu'on aime, qu'on admire, qui sert de modèle lorsqu'il existe un désir de ressemblance. Mais on peut être amené à vouloir s'approprier ce que l'autre possède, et de modèle il devient rival. Lorsque le modèle est hors de portée, il a plus de chance de conserver son statut. Lorsqu'il est proche de nous, le risque existe qu'il devienne un rival et ce danger est souvent accentué par le caractère réciproque du désir mimétique.

Les neurones miroirs

La théorie du désir mimétique allait être confirmée en 1996 par une preuve scientifique et passer d'hypothèse à certitude. La découverte des neurones miroirs, comme beaucoup d'autres découvertes scientifiques, repose sur la sérendipité, c'est-à-dire la faculté qu'ont les scientifiques de savoir rebondir sur l'erreur. On remarque au passage combien l'erreur peut être positive. Alors que l'équipe de chercheurs de Rizzolatti avait oublié de débrancher les casques d'enregistrement reliés à un PET-scan sur le crâne d'un singe, ils s'aperçurent que la zone motrice de la main du singe s'était allumée bien que ce dernier ne s'en servît pas. Il était simplement en train d'observer un des chercheurs prendre une banane et la porter à sa bouche. C'est ainsi qu'à partir de cette constatation imprévue fut élaborée la théorie des neurones miroirs. Les études de Rizzolatti et son équipe allaient confirmer que la zone correspondant à l'aire active mise en jeu pour effectuer une action s'allume chez celui qui suggère et de la même manière chez celui qui imite, alors même que ce dernier ne réalise pas l'action mais ne fait qu'observer. Cependant, cette action doit traduire une finalité, comme dans le cas de notre singe voyant que l'homme a bougé la main dans le but de prendre la banane. Par exemple, si quelqu'un fait un mouvement sans intention, on ne l'imite pas et aucune zone du cerveau ne s'allume...

Les neurones miroirs ont d'abord été étudiés chez le singe puis chez l'homme, grâce à des études des réactions cérébrales lors de stimuli. L'utilisation du PET-scan et de l'IRM fonctionnelle met en évidence l'allumage des zones excitées qui nécessitent un apport d'oxygène lorsqu'elles sont actives, ce qui s'accompagne d'une dilatation des vaisseaux sanguins. Sur l'IRM, cela leur confère par convention une couleur rouge qui contraste avec le fond noir et blanc pour les zones inactives.

Les analyses allaient montrer que les aires de l'émotion s'allumaient également de façon concomitante chez celui qui éprouve l'émotion et chez celui à qui cette émotion est suggérée.

Les interactions créatrices

Le bébé imite l'adulte dès sa naissance. On imite tout au long de sa vie. Nous nous construisons en nous modelant sur les codes sociaux, nous prenons les habitudes de nos parents, nous apprenons notre métier en observant les experts. Nous calquons également nos humeurs sur celles de notre entourage.

C'est cette force que j'ai toujours cultivée dans mes relations pédagogiques. Mon attitude était intuitive, je suis naturellement avide d'apprendre dans tous les domaines, et heureuse de transmettre. J'avais remarqué depuis longtemps comment mon enthousiasme était communicatif. Je cultive ce jeu d'identification pour emmener l'apprenant dans un véritable voyage initiatique de l'apprentissage dans le plaisir, en créant une sorte d'alliance thérapeutique. Chacun d'entre nous a peut-être vécu cette expérience particulière d'être naturellement entraîné par un professeur qui sait captiver son attention. C'est probablement le plaisir du pédagogue qui trouve une résonance dans le cerveau émotionnel de l'apprenant. Au contraire, nous avons tous connu le désintérêt face à un enseignant contraint et forcé. Il est désabusé, nous aussi, probablement par inhibition de notre centre du plaisir en miroir du sien. Dans l'entreprise, le rôle du manager est évidemment de conduire son équipe, de lui insuffler un optimisme énergisant en utilisant le désir mimétique.

Quant à nous, nous existons peu comme individus solitaires ou entités fermées, nous évoluons au contraire en relation avec d'autres individus. Notre personnalité se façonne à partir de ces interactions et présente un caractère protéiforme, changeant, flexible en fonction de la personne que nous avons en face de nous.

[illegible] dans toutes les données
[illegible] que depuis long-
temps [illegible] était commun
[illegible] pour introduire l'appré-
[illegible] dans un [illegible] romantique de l'appren-
tissage dans le plaisir [illegible] d'élaboration
[illegible] peut être
cette [illegible]
[illegible] son attention [illegible]
[illegible] du [illegible] qui [illegible]
[illegible] deux [illegible]
[illegible] tous [illegible]
[illegible] et flou. Il est des bons [illegible]
[illegible] d'un [illegible] du plaisir
en [illegible] l'entente [illegible] du manage-
[illegible] de la [illegible]
[illegible] thérapeutique.
[illegible] individus
[illegible] au caractère
[illegible]
[illegible] un
[illegible] de
la personne [illegible]

CHAPITRE 6

Dormir pour apprendre

On ne peut parler d'apprentissage sans parler de sommeil, d'autant qu'il est en lien avec les facteurs inhibiteurs précédemment exposés. Chacun sait que bien dormir est propice au travail du lendemain, et que le contraire peut rendre difficile la concentration.

S'il est souhaitable et indispensable d'avoir de bonnes nuits de sommeil, la léthargie matinale s'inscrit dans un processus plus complexe associé à la procrastination. Il est nécessaire de lutter contre cette attitude qui participe à la mésestime de soi. Se lever plus tôt est non seulement énergisant sur le plan physique mais aussi sur le plan mental. Il faut donc dormir, mais pas trop.

Par ailleurs, bien dormir ne permet pas seulement de rester efficace le lendemain. Beaucoup d'entre vous ont pu remarquer qu'une notion lue avant de s'endormir est restituée sans difficulté au réveil.

Pour comprendre ce qui se passe pendant que nous dormons, commençons par schématiser le processus du sommeil. Il est constitué de cinq à huit phases par nuit, chacune d'une durée de 90 minutes environ. Chaque phase comprend une période de sommeil lent, elle-même succession d'un sommeil léger puis d'un sommeil profond, et une période de sommeil paradoxal qui s'accompagne de rêves. Au cours du sommeil profond s'opère une sorte de nettoyage par réinitialisation des circuits cérébraux de stockage en particulier au niveau des hippocampes, sièges de la mémoire épisodique, saturés la veille. Cette restauration est dégradée lorsque le sommeil est trop léger, par exemple chez les personnes âgées ou en raison d'un excès de bruit, et s'accompagne d'une dégradation de l'encodage futur. Par ailleurs au cours du sommeil s'opère un retraitement des informations mémorisées se traduisant par une révision et un triage des données avec élagage des détails inutiles.

Quand on dort, on continue le processus d'apprentissage, on stabilise les notions apprises et on prend confiance en soi.

Pour conclure cette première partie

Nous avons analysé combien il est important d'aimer apprendre pour apprendre plus facilement et d'aimer faire pour faire plus facilement, car le plaisir de la découverte ou de la tâche à effectuer nous aide à lutter contre tous les facteurs qui nous inhibent. Nous avons étudié le fonctionnement du circuit de la récompense et ses relations avec d'autres circuits et régions du cerveau, pour comprendre comment naît le plaisir et comment le contrôler. Mais est-ce suffisant ?

Les individus qui font spontanément les choses avec plaisir sont probablement ceux qui ont spontanément mis au point leur propre méthode. Je vais donc proposer la mienne à ceux à qui elle manque. Mais j'ai le sentiment qu'elle pourrait également donner des solutions à ceux qui sont persuadés ne pas en avoir besoin, en leur montrant qu'elle peut encore optimiser leur potentiel.

PARTIE II

Une bonne méthode… pour aimer faire

Selon la doxa, « tout passe par le mental » et « c'est dans la tête ». Je suis persuadée du contraire, et je pense que, pour aimer ce que l'on fait, quelle que soit l'activité, il faut employer une méthode efficace. D'ailleurs, le coaching qui trouve ses origines dans le milieu sportif ne consiste pas seulement à encourager et à motiver, mais aussi à prodiguer des conseils techniques. Une bonne méthode participe à la lutte contre les inhibitions précédemment décrites.

Concernant les conseils méthodologiques, je ne prétends pas détenir la vérité, et sans doute d'autres procédés sont-ils adaptés aux capacités de certains apprenants. C'est ainsi que, dotés d'une mémoire eidétique (ou mémoire absolue), quelques rares individus affirment tout retenir sans effort. Mais si la démarche que je présente décuplait leur potentiel ? Si, comme tout le monde, leurs capacités mémorielles diminuaient avec l'âge ? S'ils souffraient eux aussi de procrastination ou de manque d'attention ?

Dans les chapitres qui vont suivre seront détaillés les deux pans de la technique : la globalisation et la fragmentation. La globalisation consiste à essayer d'acquérir le plus rapidement possible une vision d'ensemble de ce qu'on veut découvrir, alors que la fragmentation opère un découpage personnalisé du contenu. Les deux principes se complètent. Pour chaque élément technique, je montrerai comment il peut interférer avec nos inhibitions.

CHAPITRE 7

De l'intérêt de la vision globale

Aborder la nouveauté de façon holistique

L'holisme est un courant de pensée qui considère un système comme un tout indivisible. L'intérêt que j'ai développé pour ce concept vient sans doute en partie de ma profession de médecin. En effet, le corps humain ne peut être considéré autrement car, si chaque organe participe à une fonction précise, toutes les fonctions sont interdépendantes.

Avoir une vision holistique consiste à avoir une vue d'ensemble, non réductrice, correspondant à la globalisation.

Je vais commencer par deux exemples pratiques avant de montrer que cette façon de voir les choses s'adresse à tous, dans tous les domaines, du plus sophistiqué au plus quotidien.

Deux exemples concrets

Premier exemple : les tables de multiplication

Écoliers, nous avons tous passé des heures à apprendre puis réciter nos tables de multiplication. Certains d'entre nous avaient leur propre rituel. Je les récitais avec cette intonation si particulière qui ressemblait à celle que l'on employait pour apprendre les syllabes. Une de mes filles associait, pour chaque table, un produit à un doigt : pour la table de 2, 2 pour le pouce, 4 pour l'index, 6 pour le majeur, 8 pour l'annulaire, etc. ; pour la table de 3, 3 pour le pouce, 6 pour l'index, 9 pour le majeur, 12 pour l'annulaire, etc., comme si elle apprenait les paroles d'une chanson… Pendant toute la durée de l'apprentissage, ces procédés imposent d'énoncer la table depuis le début pour trouver le résultat. Mon père pensait avoir trouvé la solution et m'interrogeait en me posant des questions dans tous les sens, 2 × 4, 8 × 6, et je devais lui répondre du tac au tac. Mais cela m'embrouillait encore davantage, car rien n'était en lien avec le reste.

À ces astuces je préfère l'exploitation de la table de Pythagore composée de lignes et de colonnes numérotées de 1 à 10 où les produits se placent aux intersections. Cette présentation permet d'avoir une vue holistique puisque tous les résultats sont visibles d'un seul coup d'œil. Cela revient à appréhender les tables comme un tableau de coordonnées, un peu comme le chauffeur de taxi apprend le plan de la ville dans laquelle il exerce sa profession.

Or le professeur Laurent Cohen, de l'Institut du cerveau de la Pitié-Salpêtrière, rapporte les résultats de l'analyse du volume des hippocampes par IRM chez les chauffeurs de taxi londoniens. En effet, il a été constaté une hypertrophie de cette région du cerveau, développée par le travail actif de mémorisation dans une ville où, contrairement à Paris ou New York, les rues sont disposées de façon aléatoire. J'en déduis donc que, probablement, c'est de moins en moins souvent le cas depuis l'avènement du GPS. L'absence de progression signe le début de la régression de notre système neuronal.

Concernant la table de Pythagore, je suggère de faciliter son appropriation en utilisant des points de repère. Découvrons la symétrie de part et d'autre de la diagonale tracée de 1 à 100 en raison du caractère commutatif de la multiplication. L'application de certaines consignes fait apparaître des figures géométriques participant à cette vision aérienne, comme le coloriage de tous les produits finissant par 2, par 4, par 5.

Ces exercices permettent une appropriation ludique, active, personnelle mais surtout globale.

1	2	3	4	5	6	7	8	9	10
2	4	6	8	10	12	14	16	18	20
3	6	9	12	15	18	21	24	27	30
4	8	12	16	20	24	28	32	36	40
5	10	15	20	25	30	35	40	45	50
6	12	18	24	30	36	42	48	54	60
7	14	21	28	32	42	49	56	63	70
8	16	24	32	40	48	56	64	72	80
9	18	27	36	45	54	63	72	81	90
10	20	30	40	50	60	70	80	90	100

Deuxième exemple : les notes de musique

Je m'adresse ici en particulier aux mélomanes qui sont passés à côté de leur passion, définitivement rebutés par la lecture d'une partition.

Sur une partition, les notes figurent sur une portée, et leur position diffère selon la clé. Les différents instruments n'utilisent pas les mêmes clés. Les instruments à clavier utilisent deux clés, la clé de *fa* pour jouer dans les graves avec la main gauche, et la clé de *sol* pour jouer dans les aigus avec la main droite. La guitare, le violon ou la flûte utilisent uniquement la clé de *sol* puisque leur tessiture se situe surtout dans les aigus. La contrebasse se joue en clé de *fa* puisque son timbre est grave. D'autres instruments reposent sur d'autres clés. Étant pianiste, je vous proposerai d'analyser les clés de *fa* et de *sol*.

J'ai appris, comme tout le monde, en suivant la découverte des notes pas à pas, très étalée dans le temps, et j'ai souffert. Je suggère une approche holistique que j'ai mise au point, illustrée par les deux schémas qui suivent et que je vais commenter.

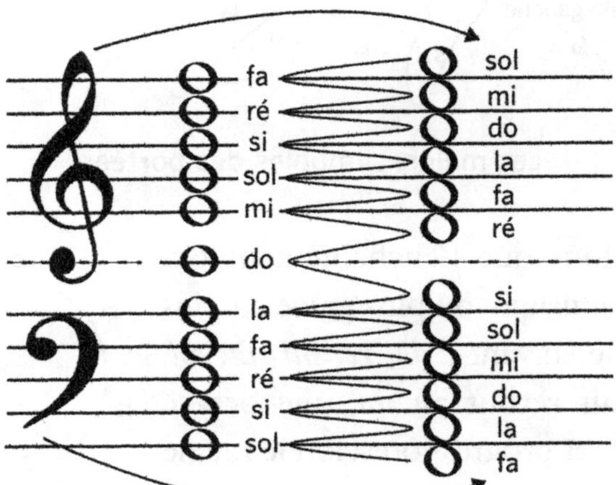

Les deux portées en clés de *fa* et de *sol*

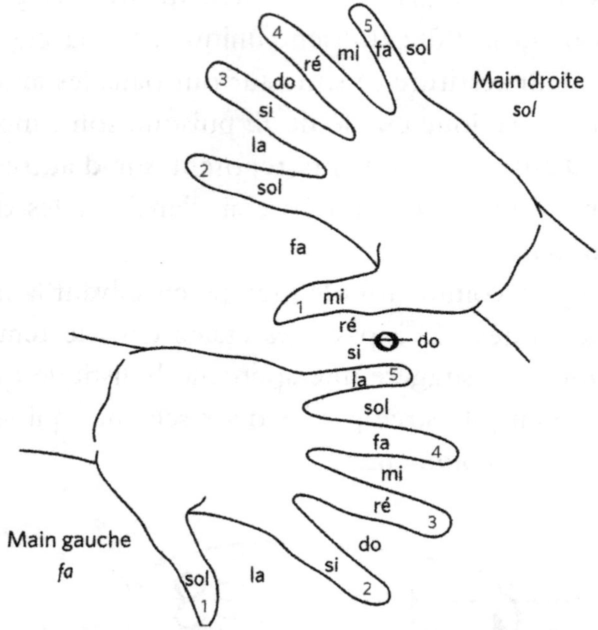

Les mains, symboles des portées

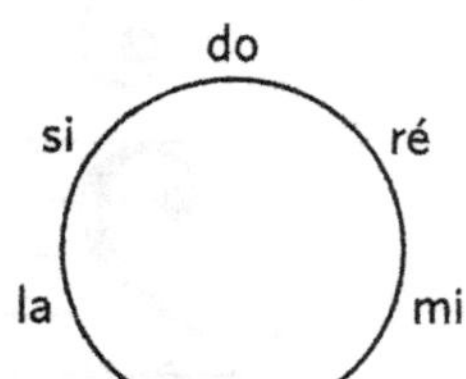

Rappelons que l'enchaînement des notes de musique du plus grave au plus aigu est le suivant : *do*, *ré*, *mi*, *fa*, *sol*, *la*, *si*, puis retour au *do*, une octave plus haut, et progression selon le même cycle.

Commençons par l'analyse des deux portées, celle du bas correspondant à la clé de *fa*, et celle du haut à la clé de *sol*.

Chaque portée est constituée de 5 lignes numérotées de 1 à 5, et 4 interlignes.

Entre les deux portées, une note commune aux deux clés correspond au *do*, constituant la limite entre ce qui est joué par la main gauche en clé de *fa* et ce qui est joué par la main droite en clé de *sol*. Ce *do*, qui correspond au *do* du centre du clavier du piano, est représenté par une note barrée d'un trait, ce trait symbolisant une ligne et créant donc deux interlignes supplémentaires. Cela est schématique puisque le territoire joué par chaque main peut empiéter sur l'autre, mais restons simples.

Les notes sont placées successivement sur les lignes et au niveau des interlignes, du bas vers le haut, du grave vers l'aigu. Vous pouvez observer sur le schéma la position de chaque note sur les lignes et dans les interlignes.

La note située juste en dessous de la première ligne de la portée du bas, écrite en clé de *fa*, est un *fa* ; la note située juste au-dessus de la cinquième ligne de la portée du haut écrite en clé de *sol* est un *sol*, ce qui permet un premier cadrage.

De part et d'autre du *do* central, on place donc le *si*, qui précède le *do* au-dessus de la cinquième ligne de la portée inférieure, et le *ré*, qui suit le *do* en dessous de la première ligne de la portée supérieure.

Puis on place les notes sur les lignes et dans les interlignes en suivant la succession des notes.

Il est ainsi possible d'apprendre en bloc l'enchaînement des notes situées sur les lignes depuis la portée inférieure jusqu'à la portée supérieure en passant par le *do* entre les portées : *sol si ré fa la* (*do*) *mi sol si ré fa* ; puis d'apprendre en bloc l'enchaînement des notes situées dans les interlignes de la portée inférieure : *la do mi sol*, puis celui de la portée supérieure : *fa la do mi*.

Je propose maintenant d'utiliser les deux mains qui vont symboliser les deux portées.

Mettons nos deux mains face dorsale vers nous, pouce vers le bas, la gauche en bas et la droite en haut. Chaque main représente une portée, la gauche représente la clé de *fa* et la droite la clé de *sol*.

Les notes figurant sur les portées se projettent de la même façon sur nos doigts et au niveau des espaces interdigitaux.

Pour conclure, la présentation verticale des notes a donné une vision holistique, elle a mis en évidence des repères qui facilitent la progression, très différente de celle que confère l'apprentissage pas à pas.

Une méthode qui s'applique à la découverte de nouveaux savoirs

La nouveauté doit être entendue au sens large : il peut s'agir d'apprentissage scolaire, universitaire, de recyclage, de découverte de nouveaux dossiers dans le monde du travail, ou dans le quotidien, comme la lecture de son nouveau contrat d'assurance, le mode d'emploi de son ordinateur. Elle peut s'inscrire dans le cadre d'une activité obligatoire ou choisie. Le niveau de l'apprenant et la difficulté du sujet importent peu.

Pour essayer de vous convaincre, j'ai choisi volontairement des exemples appartenant à des univers très variés, certains illustrant des situations où la vision holistique a fait défaut et d'autres où elle a optimisé le résultat.

Je m'adresse aux jeunes écoliers, mais aussi à ceux que nous fûmes. N'avons-nous jamais été rebutés par une leçon d'histoire qu'on nous a demandé de connaître à la perfection, leçon aussitôt oubliée après le contrôle de connaissances ? D'ailleurs, pour la plupart des adultes, que reste-t-il des cours d'histoire ? La raison qui explique la fragilité de nos acquis réside en partie dans le fait que chaque nouveau sujet est abordé isolément au lieu d'être intégré dans un tout. C'est pourquoi ce domaine du savoir garde un aspect souvent fragmenté et énigmatique. Il est difficile d'en saisir l'essence, la logique et le caractère répétitif. Alors vous, étudiants, qui avez la chance de découvrir dans le passé le fondement de notre avenir à condition d'aller plus loin qu'apprendre pour oublier, pourquoi ne pas parcourir l'ensemble de vos supports avant de commencer l'année.

Changeons de paradigme et passons au monde du travail. Certaines professions demandent de s'approprier quotidiennement des quantités impressionnantes d'informations. La vision holistique consiste à appréhender l'ensemble des supports en commençant par essayer de leur trouver un enchaînement logique, avant de les parcourir une première fois d'une traite, ce qui conduit nécessairement à des recoupements, diminuant ainsi la charge de travail ultérieure. Par ailleurs, la répétition des mêmes notions exprimées autrement facilite la compréhension et l'assimilation par immersion.

Compte tenu du bouleversement actuel de l'état de nos connaissances, il est parfois difficile de s'appuyer sur des supports déjà validés et la meilleure façon de chercher les informations repose sur le Web, avec un niveau d'expertise et de fiabilité inégal. La vision holistique, même si elle semble *a priori* ambitieuse, est la seule à offrir une solution pour se faire sa propre idée de l'état des connaissances dans un domaine donné. Il suffit de ne pas s'attarder sur les notions, qui s'organiseront d'elles-mêmes par leur réitération, ce qui permettra ensuite de les hiérarchiser avant de synthétiser.

Prenons l'exemple d'une situation du quotidien. La cuisine holistique désigne un concept qui aborde la nutrition d'une manière globale, en tenant compte du destinataire puisqu'elle définit la façon avec laquelle on devrait se nourrir pour préserver sa santé future. Détournons ce sens, en analysant ce qu'une approche holistique peut apporter à l'apprenti cuisinier occasionnel. Enchaîner des recettes à partir d'un même ingrédient principal permet de mieux en apprécier le potentiel.

Une anecdote personnelle parlera sans doute à mes amis mélomanes dont beaucoup, comme moi-même, ont rencontré des difficultés à faire la transition du piano classique au piano jazz. J'ai travaillé longtemps avec une multitude d'enseignants dont aucun ne me donnait les clés de l'improvisation alors que j'avais passé des années à lire des partitions. Chacun me présentait des notions, certes capitales, mais qui ne s'intégraient pas dans un tout. De ce fait, je ne progressais pas. J'ai vécu cette période comme une sorte d'errance au cours de laquelle j'ai failli baisser les bras. C'est après plusieurs années de frustration que la lecture d'une traite en quelques jours de l'ouvrage de Marc Levine, *The Jazz Piano Book*, m'a fait découvrir des volets entiers qui ne m'avaient jamais été clairement exposés. Cette immersion livresque m'a donné une vue aérienne, m'a permis de prendre du recul ; tout ce que j'avais acquis se mettait désormais à résonner. La relecture de ce pavé de huit cents pages a marqué mon vrai début dans le monde du jazz.

La vision holistique me paraît incontournable pour prendre possession de tout nouveau domaine.

Une méthode qui peut devenir un mode de vie

L'approche holistique ne s'applique pas seulement aux domaines intellectuels.

Elle est essentielle dans le domaine sportif. Si elle constitue le principe des sports d'équipe, elle permet d'optimiser la coordination de notre propre corps dans les sports individuels, pour de meilleures performances, mais également pour un développement harmonieux sans privilégier des régions au détriment d'autres régions, au risque de blesser les premières et d'affaiblir les secondes.

Elle devrait même guider nos comportements et notre existence. Grâce à elle, chaque tâche du quotidien peut devenir un mini-objectif. Organiser son lave-vaisselle pour optimiser la place et réduire la consommation d'énergie, regrouper ses courses au supermarché en anticipant l'endroit où les produits seront rangés pour gagner du temps, prendre en compte l'ensemble de ses placards au lieu de traiter chacun isolément pour leur trouver une disposition logique, placer les livres dans sa bibliothèque suivant des rubriques au lieu de les entasser, mettre de l'ordre dans les documents de son ordinateur sont autant de tâches qui peuvent sembler ingrates, et qui, effectuées de façon holistique, sont ainsi valorisées et peuvent nous apporter un certain plaisir.

Ce mode de pensée est un excellent moyen de lutter contre la phobie administrative, cette peur irrationnelle et démesurée tellement intense chez certains individus qu'elle se traduit par l'impossibilité de décacheter son courrier. Et plus il s'accumule, plus il génère de l'angoisse. Le fractionnement de la tâche incite le plus souvent à renoncer. La vision holistique consiste à ouvrir tout le courrier et faire une première sélection en éliminant ce qui peut l'être, publicités inutiles, relances (propres aux procrastinateurs puisqu'ils tardent à payer leurs factures, ne les ayant même pas ouvertes)... Un deuxième passage invite à un classement par rubriques, factures, relevés de banque, échanges avec ses clients... Au sein de chaque catégorie, une nouvelle vision holistique peut conduire à un classement par sous-rubriques, selon un ordre alphabétique ou par degré d'urgence, par date d'envoi... Le traitement holistique des différentes tâches apparaît moins chronophage qu'un traitement fractionné, et c'est ainsi que je suggère de régler toutes les factures d'une traite, répondre à tous les clients...

La vision holistique me semble une méthode efficace pour lever l'appréhension et réduire le stress.

Nous constatons ainsi que de multiples procédés peuvent être au service d'une vision holistique. Cependant l'un d'entre eux est essentiel et mérite qu'on s'y attarde : il s'agit de la lecture rapide.

CHAPITRE 8

La lecture rapide, pilier de la méthode holistique

Qu'est-ce que j'appelle lecture rapide ?

Pour découvrir et pour apprendre, la lecture constitue l'outil primordial.

Ce que j'appelle lecture rapide consiste à lire n'importe quel texte le plus rapidement possible, sans s'arrêter et sans tout comprendre nécessairement.

La cadence de lecture varie d'un individu à l'autre, en partie selon sa façon de procéder. Certains lisent des yeux, parcourent du regard, pendant que d'autres sont obligés de lire à haute voix pour se concentrer, ce qui peut les ralentir.

Comprendre sur quels facteurs agir peut aider à maîtriser la technique de la lecture rapide.

Que se passe-t-il dans notre cerveau lorsque nous lisons ?

Les informations visuelles se projettent sur la rétine de nos yeux, puis transitent par les voies optiques jusqu'aux aires visuelles situées dans la partie postérieure du cerveau. Chaque nouvelle information s'accompagne de la constitution d'un réseau de cellules nerveuses. Les stimuli sensoriels sont transformés en influx nerveux, c'est-à-dire en courant électrique qui emprunte ces réseaux de neurones.

Les données sont alors redirigées plus en avant vers les neurones de la lecture. Le centre de la lecture, dont la fonction initiale était la reconnaissance des visages et qui s'est progressivement spécialisé au cours de l'évolution dans la reconnaissance des mots, analyse l'agencement des lettres de chaque mot et, tel un scanner, le compare aux mots que l'on connaît et qui sont contenus dans notre bibliothèque cérébrale au niveau des aires visuelles.

Cette progression se poursuit jusqu'au centre du langage qui recueille toutes les données provenant des aires visuelles droite et gauche puisqu'un seul centre du langage existe, latéralisé à gauche chez le droitier et à droite chez le gaucher. Il est composé de deux sous-unités, l'une postérieure correspondant à l'aire de la compréhension, qui analyse le sens de ce qui est lu, et l'autre antérieure correspondant à l'aire du langage parlé, qui permet d'activer les régions motrices de la bouche et du larynx pour produire des sons. Pendant la lecture, on peut énoncer ce qu'on lit. Si on lit à voix basse, la petite voix intérieure traduit la stimulation du centre du langage parlé sans qu'il y ait production audible de sons. Beaucoup d'entre vous n'ont même pas conscience de sa présence, alors écoutez la vôtre. On entend sa propre voix et non pas la voix de quelqu'un d'autre. Je vous propose de vous amuser à en changer le timbre en pensée, vous entendrez cette modification.

Quel est le principe de la lecture ?

Nous ne lisons pas de façon continue mais en effectuant des sauts oculaires. Nos yeux se déplacent de façon discontinue d'un mot ou d'un groupe de mots à un autre. Lors de l'arrêt sur image, qui est très bref, seules les lettres situées au centre de notre champ visuel se projettent nettement sur notre rétine, constituant l'empan oculaire. Celles qui sont situées de part et d'autre de l'empan oculaire restent floues. Et pourtant, à partir de quelques lettres, nous déchiffrons le mot, aidés par le contexte et notre bibliothèque de mots que l'on connaît déjà.

Par ailleurs, nous venons de mentionner la petite voix intérieure remplacée chez certains par une lecture à haute voix.

Enfin, au cours de la lecture notre attention est nécessaire.

A priori, pour accélérer la vitesse de lecture, il faut augmenter la taille de l'empan oculaire et la vitesse de passage d'un groupe de mots à l'autre. Nous avons tous remarqué que lire à voix haute ralentit la vitesse de lecture, alors qu'en est-il de la petite voix intérieure ? Enfin comment intervient l'attention ?

Augmenter la taille de l'empan oculaire et la cadence des sauts oculaires dépend de notre degré d'expertise

Alors que le jeune enfant est parfois obligé d'épeler chaque lettre puis chaque syllabe avant de prononcer le mot, ce qui engendre des difficultés de compréhension le forçant à revenir en arrière pour récupérer le fil qu'il a perdu, notre vitesse augmente avec l'enrichissement de nos champs lexical, grammatical et sémantique. Lorsque nous sommes experts dans un domaine, les termes utilisés et le contexte nous sont familiers ; un médecin s'imprègne plus rapidement d'un article médical, un avocat d'un article de loi.

C'est ainsi que lire plusieurs fois rapidement s'avère plus judicieux que lire une seule fois lentement. Dès le second passage, on maîtrise mieux le contexte et le degré d'expertise est plus important, donc la vitesse s'accélère, et on peut anticiper la suite comme lorsqu'on visionne un film déjà vu.

Éviter de trop longues pauses entre les périodes de lecture d'un même document empêche que les informations nouvellement acquises ne soient oubliées. Si toutefois les intervalles sont trop longs, la lecture par vagues successives, reprenant le texte un peu avant l'endroit où l'on s'était arrêté, permet de poursuivre plus facilement.

J'ai retenu un exemple amusant pour illustrer l'importance du contexte et l'intérêt d'une relecture. Essayez de déchiffrer ce qui suit. « Sleon une étdue de l'Uvinertisé de Cmabrdige l'odrre des letters dnas un mto n'a pas d'ipmrotncae, la suele coshe ipmrotnate est que la pmeirère et la drenèire soeint à la bnnoe plcae. Le rsete peut êrte dnas un dsérordeo ttoal et vuos puoevz tujoruos lrie snas porlbème. C'est prace que le creaveu hmauin ne lit pas chuaqe ltetre elle-mmêe, mias le mot cmome un tuot. » Vous avez sans doute déchiffré cette phrase tout emberlificotée avec plus de difficulté que si les lettres étaient dans l'ordre, cependant vous l'avez déchiffrée, car vous savez lire couramment, alors qu'un jeune lecteur en aurait été incapable. Si vous la relisez, vous irez beaucoup plus vite.

Ne pas essayer de tout comprendre et avancer grâce au centre inhibiteur de l'action

Ne pas revenir en arrière

C'est essentiel si on veut accélérer la vitesse de lecture.

Je vous propose une petite expérience pour comprendre l'intérêt d'éviter les retours en arrière au cours de la lecture. Commencez par apprécier votre vitesse de lecture en vous fixant une durée de lecture pendant laquelle vous cherchez à lire le plus vite possible. Puis comptez le nombre de mots qui ont été lus et divisez ce nombre par le temps passé à lire, exprimé en minutes : vous obtenez le nombre de mots par minute. Utilisez ensuite un guide sous forme d'une feuille blanche qui suit les lignes du texte. Vous avez généralement tendance à le placer sous la ligne à suivre. Or il est plus judicieux de le placer au-dessus, comme en témoigne l'amélioration significative de la vitesse. Pourquoi ? Parce que placé au-dessus, ce guide empêche tout retour en arrière mais nous pousse vers la suite. Bien sûr, la plupart du temps, nous ne lisons pas avec un guide, et c'est par la mise en jeu de notre volonté que nous contrôlons l'absence de régression pour toujours aller de l'avant, même si certaines notions ou certains vocabulaires nous échappent. Alors que l'expertise améliore notre vitesse de lecture, nous sommes plus lents lorsque nous découvrons un domaine que nous ne connaissons pas. Certains individus sont même incapables d'avancer si un terme demeure obscur et se sentent obligés de chercher sa signification. Cette démarche chronophage risque de faire perdre le fil directeur et implique chaque fois une nouvelle mise en route. L'analyse de chaque détail nuit à l'assimilation des idées essentielles.

Rapprochons cette constatation de la notion de multitasking qui a déjà été analysée dans le paragraphe sur l'attention.

Ce principe s'applique à la lecture rapide : il faut une seule intention, claire et précise, qui privilégie la sélection des idées essentielles au détriment de la compréhension des détails. L'expert, qui connaît la signification de chaque mot du texte, n'a besoin d'emprunter qu'une seule voie, celle de l'analyse globale. Plusieurs lectures peuvent bénéficier de filtres successifs, c'est-à-dire de visées différentes. La secrétaire qui relie la lettre lui ayant été dictée recherche les fautes d'orthographe ou grammaticales. Le cadre qui a quelques heures pour s'approprier un sujet et être capable de le restituer s'attache aux mots clés. Le chef de projet qui organise son équipe repère les idées qui peuvent l'aider à dispatcher les tâches.

Ainsi, la première lecture devrait servir de débroussaillage, au cours de laquelle il est inutile de s'attarder sur les détails ; la compréhension s'améliorera à chaque nouveau passage et rendra plus fluide le suivant.

Notre centre inhibiteur de l'action, pivot de la lecture rapide

Nous sommes en permanence livrés à un combat intérieur entre l'expertise dans un domaine qui nous permet de lire plus vite et l'inhibition guidée par l'envie de tout comprendre. Nos sauts oculaires sont automatiques, preuve en est que la plupart des lecteurs ne connaissent pas leur existence. Le facteur limitant de leur amplitude et de leur vitesse est donc la compréhension du texte.

Au niveau cérébral, la balance se situe entre automatisme et volonté. Or nous avons déjà analysé le rôle du centre inhibiteur de l'action (CIA), qui assure l'aiguillage entre action réflexe et passage par le CEO (notre centre exécutif qui commande les actions volontaires).

De façon réflexe, nous avons tendance à effectuer des retours en arrière dès que nous n'avons pas saisi le sens d'un texte, alors que la volonté peut nous aider à lâcher prise en acceptant nos lacunes.

Au cours de la lecture, notre centre inhibiteur de l'action (CIA) sert donc de modérateur en contrôlant l'aiguillage, c'est-à-dire en bloquant la voie réflexe et en poussant le CEO à prendre le contrôle par la volonté, malgré nos réticences, s'opposant aux retours en arrière.

Quel est l'impact de notre petite voix intérieure sur la vitesse de lecture ?

On ne peut pas lutter contre l'existence de notre petite voix intérieure. J'ai hésité avant de l'évoquer car certaines personnes m'ont fait remarquer être exaspérées par sa présence depuis que je leur avais fait découvrir son existence.

J'ai pris la décision de le faire pour trois raisons. L'augmentation des sauts oculaires ne lui laisse pas le temps de s'exprimer lors de chaque arrêt sur image mais seulement de façon fragmentée ; nous sommes donc capables d'en réduire l'impact. Ne l'entendre que par bribes pourrait être la preuve que nous avons progressé dans notre vitesse de lecture. Enfin, ne plus l'entendre du tout témoigne souvent que nous sommes déconcentrés.

Relations attention-lecture rapide

Le centre inhibiteur de l'action permet d'accélérer la cadence de lecture en sollicitant le CEO. Or avoir une intention où intervient la volonté canalise notre attention.

Il n'est pas nécessaire d'attendre que s'installe la concentration pour lire vite ; au contraire ce processus actif nous permet de rester attentifs.

Quelques conseils pour optimiser une première lecture

- Essayer de parcourir d'une traite un article ou un ouvrage, ou même plusieurs, sans s'arrêter, quels que soient la densité et le volume, en faisant le moins de pauses possible.
- Suivre la ligne générale du texte et en sélectionner les idées principales sans s'attarder sur les détails. Il n'est pas nécessaire de tout comprendre et encore moins de tout retenir.
- Plus on lit vite, plus on s'ouvre la possibilité de se documenter sur le thème, donc plus on devient expert, ce qui accélère la vitesse de lecture. Plus on lit vite, plus on lit vite.

Comment la lecture rapide permet de lutter contre les facteurs inhibiteurs

La lecture rapide augmente rapidement le niveau d'expertise en permettant d'avoir une vision générale du sujet, rapidement améliorée par les lectures successives. De fait, cela contribue à donner une sensation de maîtrise, qui renforce l'estime de soi et la motivation par anticipation de la réussite.

La lecture rapide est selon moi le meilleur moyen pour lutter contre la phobie du non-savoir à l'origine de la procrastination.

Enfin, la lecture rapide, qui a la propriété de mettre en jeu la volonté, fait intervenir notre CEO et améliore l'attention.

Premier pilier de la méthode GFP (Globalisation, Fragmentation, Plaisir) : la globalisation

- Tous les domaines et toutes les tâches peuvent bénéficier d'une vision holistique.
- La lecture rapide constitue un des volets essentiels de la globalisation pour la découverte de la nouveauté.
- La globalisation engendre le sentiment de maîtrise et participe à l'estime de soi et au plaisir de faire.
- Prise au sens large, la vision holistique constitue une façon de voir le monde.

CHAPITRE 9

Vers une vision fragmentée

Cette seconde étape de la technique qu'est la fragmentation répond à la deuxième lettre du sigle GFP. Elle comprend deux facettes : le découpage dans le sens de la tâche ou du texte, et les lectures tissées. En général nous utilisons spontanément la première technique, mais je voudrais insister sur la seconde qui constitue le second pilier de la méthode GFP.

Le découpage

Toute tâche peut être découpée en tâches élémentaires ; toute notion peut être segmentée en notions élémentaires ; chaque unité peut être isolée du contexte et prise comme un tout.

Ce procédé extrêmement efficace s'applique dans n'importe quel domaine et à n'importe quelle échelle.

Gravir une pente en l'imaginant constituée d'étages à franchir, perdre du poids en se fixant des paliers sont des procédés pratiques que nous utilisons quotidiennement.

Découper selon le sens du texte consiste à prendre connaissance de chaque paragraphe comme s'il s'agissait d'un tout.

Dans certains cas, on peut optimiser la lecture si on en modifie l'ordre. Un collégien qui prend le temps de parcourir son livre d'histoire remarquera que chaque chapitre a une construction qui se répète : des illustrations sous forme d'images et de documents servent d'entrée en matière, précédant l'exposé du sujet, lui-même suivi d'un résumé. Pour ceux que déroute cet itinéraire un peu complexe, lire le cours avant d'en analyser les illustrations peut être une solution. Dans d'autres disciplines, cette même succession répond au principe de l'apprentissage par la découverte. C'est ainsi que la plupart des supports scolaires portant sur les sciences de la vie proposent des expériences qui, selon un principe inductif, devraient conduire l'élève à identifier et à comprendre les problématiques. L'apprenant se construit lui-même son cours à tâtons, en répondant à des questions. Certains prétendront que cette façon de procéder développe les capacités de réflexion, mais il est indéniable qu'elle en décourage plus d'un. Si on rencontre des difficultés au cours d'un apprentissage autonome, débuter par la conclusion facilitera la compréhension de la partie hypothético-déductive du début.

La pédagogie à la demande utilise de plus en plus souvent le procédé de granulation, dispositif de formation visant à découper le contenu d'un programme en entités indépendantes qui seront le plus petites possible. Chacune de ces unités d'apprentissage est appelée granule pédagogique ou grain. Chaque grain peut être assemblé avec d'autres unités pour créer une formation sur mesure adaptée au parcours de chaque apprenant.

À l'échelle collective, la fragmentation des tâches est un concept utile pour optimiser les résultats. Face à une mission trop vague, les salariés peuvent être noyés dans une sorte d'inaction. En réalité, plus qu'une inaction, il s'agit d'une activité désordonnée responsable d'une déperdition d'énergie. C'est ainsi qu'une opération marketing qui consiste à prévenir sa clientèle par mail peut bénéficier d'un découpage en étapes successives et bien définies : analyse du réseau de connaissances utiles, listage des clients potentiels puis leur classement en catégories, quête des adresses électroniques, préparation d'un courrier puis son envoi.

Dans tous ces exemples, la division s'effectue par blocs, dans le sens du texte ou en désordre. Dans le paragraphe qui suit, je propose ma propre technique de découpage qui constitue le deuxième pilier de la méthode Globalisation Fragmentation Plaisir.

Déconstruire et reconstruire à partir des lectures tissées

En quoi consistent les lectures tissées ?

Commençons par une image avant de donner quelques clés. La cuisine « revisitée » est un procédé culinaire dans l'air du temps. Une de ses facettes est la déstructuration de la recette d'origine pour la reconstruire autrement avec les mêmes ingrédients, l'objectif étant sa personnalisation. De même, les lectures tissées ont pour enjeu une déconstruction du savoir suivie d'une reconstruction avec appropriation, aboutissant à un savoir « revisité ».

Le principe des lectures tissées revient à progresser selon des axes de lecture, en rapprochant des notions parce qu'elles se répètent, possèdent des ressemblances, se complètent ou s'opposent, entretiennent des liens logiques servant de fil conducteur à la pensée. C'est l'étape de l'intelligence, dont l'étymologie est *intelligere*, c'est-à-dire « choisir entre ». Il ne s'agit plus d'un découpage en paragraphes dans le sens du texte ou en désordre, mais de la fabrication de réseaux logiques à travers l'ensemble du ou des documents.

Les avantages des lectures tissées

DIMINUTION DE LA CHARGE COGNITIVE

Repérer et rapprocher des éléments identiques ou similaires, ayant exactement la même signification mais exprimés autrement, représentent le premier bénéfice des lectures tissées, qui diminuent la charge cognitive. Face à l'inflation des données, cette étape participe à la gestion du stress.

Un exemple simple est l'analyse d'une chanson avec un refrain, ou d'une poésie dont certains vers se répètent. Dans un document, certaines idées sont souvent réexposées ou sont reformulées ; l'intertextualité correspond à l'ensemble des relations existantes entre plusieurs textes traitant d'un même sujet qu'il est donc intéressant d'aborder conjointement.

Dans le livre que vous avez sous les yeux, j'ai volontairement présenté des notions de façon itérative en les complétant progressivement, afin d'en faciliter l'assimilation. Vous pourriez effectuer le chemin inverse et repérer tous les paragraphes qui traitent par exemple des fonctions exécutives, de l'attention ou du centre inhibiteur de l'action… C'est d'ailleurs de cette façon que j'ai procédé au cours de la correction.

APPROPRIATION DU SUPPORT D'APPRENTISSAGE

Le travail de dissection au cours des lectures tissées contribue à l'appropriation du document. Les lectures tissées suivent nos cheminements de pensée, elles permettent de prendre possession du support sur lequel on travaille.

C'est un fait, nous retenons mieux ce qui nous est propre : pour mémoriser des informations générales à long terme, il est utile de les associer à des éléments de notre vécu. Chacun d'entre nous a probablement fait l'expérience de raviver une information générale grâce à un élément de sa vie personnelle. Par exemple, cherchant à vous souvenir du titre d'un air de musique qui vous échappe, il vous suffit d'évoquer dans quelles circonstances vous l'avez entendu pour qu'il vous revienne.

ASSIMILATION PLUS HOMOGÈNE

Lors de cette étape, on analyse le support sous tous les angles. Cela évite de recommencer depuis le début en délaissant la fin.

ORGANISATION DE LA PENSÉE

Enfin, cette démarche peut contribuer à une vision plus rationnelle du savoir. Se documenter sur l'histoire du cinéma peut consister, à partir d'un même support encyclopédique, à choisir différents itinéraires de lecture, selon que l'on s'intéresse aux acteurs, aux scénaristes, aux réalisateurs, aux producteurs, aux compositeurs de la musique... Ces approches anticipent un classement au sein de notre archivage cérébral, à la manière d'une bibliothèque ou d'un ordinateur.

Les lectures tissées sont des lectures intelligentes qui permettent de structurer l'objet du savoir. Les informations ne sont pas mises bout à bout mais agencées selon notre propre logique. Le tout n'est pas la somme des parties, mais un nouvel objet émergent.

Sur quels principes neurocognitifs reposent les avantages des lectures tissées ?

Dans les quatre paragraphes qui suivent, nous allons nous servir des neurosciences pour démontrer l'impact des lectures tissées sur l'apprentissage : multiplication des voies d'encodage, personnalisation du support, mise en jeu de la mémoire visuelle, stimulation de l'attention.

LECTURES TISSÉES ET MULTIPLICATION DES VOIES D'ENCODAGE

Les informations provenant du monde extérieur parviennent à notre cerveau par nos organes sensoriels. Elles sont véhiculées par les neurones jusque dans les aires qui remplissent les fonctions correspondantes. Pour être mémorisées, elles doivent être encodées, c'est-à-dire transformées en réseaux de neurones.

Au cours des lectures tissées, nous suivons des chemins différents qui créent autant de nouvelles voies de signalisation cérébrales. On peut donc mettre en parallèle le maillage irrégulier du support que l'on souhaite s'approprier avec les réseaux de neurones.

Lorsque nous appréhendons les connaissances de cette façon, nous constituons une multiplicité de voix d'encodage. Or vous avez sans doute remarqué que vous reteniez mieux une information si vous la lisez et l'entendez en même temps. C'est parce qu'elle se retrouve stockée à la fois dans l'aire visuelle et dans l'aire auditive. Au moment du rappel du souvenir, les réseaux de neurones fabriqués pendant le stockage se réveillent de façon simultanée. Le même phénomène se produit lorsque des informations ont bénéficié de plusieurs axes de lecture grâce aux lectures tissées qui ont engendré plusieurs voies d'encodage.

Comprendre, c'est prendre ensemble.

LECTURES TISSÉES : UN PROCESSUS PERSONNALISÉ

Nous avions analysé le rôle de l'hippocampe, passage obligé sur le *Grand Huit* du circuit de la mémoire, transformant les informations à court terme en informations à long terme, mais également siège de la mémoire épisodique c'est-à-dire celle qui nous est propre, expliquant l'associativité des deux processus de mémoire.

Au cours de l'apprentissage, nous cherchons à activer la mémorisation sémantique, puisque nous voulons retenir des informations qui sont communes à tous. Mais l'activation concomitante de la mémoire épisodique participe à l'ancrage des informations. Or les lectures tissées correspondent à un cheminement personnel et décidé, gardé en mémoire épisodique, ce qui favorise la mémorisation sémantique.

LECTURES TISSÉES ET MÉMOIRE VISUELLE

Certains individus affirment avoir une bonne mémoire visuelle. En permettant de localiser les informations sur le support, les lectures tissées optimisent la mémorisation visuelle.

Notre cerveau droit est le siège d'un système de repérage visuo-spatial reposant sur deux structures dont la dénomination scientifique importe peu, et je préfère parler de notre *GPS cérébral.* L'une d'elles projette sur notre espace visuel une grille sur laquelle la seconde structure place les éléments à repérer, comme dans un jeu de bataille navale. Or ces deux éléments anatomiques se situent à proximité de l'hippocampe.

Les lectures tissées nous ont permis de repérer visuellement des éléments de notre document. Ils trouveront leur place selon une grille de lecture qui nous est personnelle et qui s'imprime dans notre champ visuo-spatial. Compte tenu de la proximité entre notre *GPS cérébral* et l'hippocampe, ce repérage spatial participe à la mémorisation épisodique, par passage de molécules activatrices de la première structure à la seconde. La mémoire sémantique est activée par transitivité, en raison de la double fonction de l'hippocampe, comme cela a été expliqué. C'est le principe que j'ai utilisé en me servant de la table de Pythagore pour enseigner les tables de multiplication, les transformant en un système de coordonnées spatiales, dont l'appropriation bénéficie de notre *GPS cérébral.*

Cette notion de repérage spatial peut être extrapolée à l'agencement de notre univers de travail. C'est ainsi que l'ordre de notre bureau ou de notre bibliothèque peut être corrélé à une classification optimale dans notre cerveau.

Enfin, le geste de parcourir un document pour rechercher des éléments à rapprocher au cours des lectures tissées participe au repérage visuo-spatial, met en jeu notre mémoire épisodique et favorise ainsi la mémorisation sémantique.

Comment les lectures tissées contribuent à lutter contre les facteurs inhibiteurs

L'attention est un des vrais enjeux de l'apprentissage. Lire au fil du texte, sans intention précise, de façon passive, entraîne souvent le décrochage de l'attention. D'ailleurs, lire avant de dormir facilite l'endormissement. Au contraire, les lectures tissées partent d'une intention clairement définie, nécessitent une programmation, engagent un choix de cheminement à travers le document, mettant en jeu la voie volontaire, donc notre CEO (*chief executive officer*), ce qui capte l'attention.

Par ailleurs les neuroscientifiques ont mis en évidence que le centre de l'attention est situé dans le cerveau droit, donc du côté du *GPS cérébral*. La mise en jeu de notre centre visuo-spatial lors des lectures tissées stimule notre attention par le passage de molécules activatrices d'un centre à l'autre.

Ainsi, les lectures tissées favorisent l'attention grâce à deux biais, l'un par implication de notre CEO, l'autre par stimulation du centre de l'attention par le *GPS cérébral*, régions proches l'une de l'autre dans le cerveau droit.

Enfin, en permettant de progresser rapidement dans l'appropriation, les lectures tissées favorisent la prise de confiance en soi, l'estime de soi et la motivation.

Les lectures tissées modifient de façon radicale la façon d'apprendre. J'avoue même que c'est la certitude de leur efficacité qui me conduit à utiliser l'effet Pygmalion lorsque j'enseigne.

Deuxième pilier de la méthode GFP (Globalisation, Fragmentation, Plaisir) : la fragmentation

• Nous avons, pour la plupart, l'habitude de découper les tâches ou les documents dans le sens de la présentation. Les lectures tissées apportent beaucoup plus qu'un simple découpage : une structuration personnelle du savoir qui met en confiance en apportant de la maîtrise.

• La technique des lectures tissées est généralisable à tous les domaines et me semble, comme la vision holistique, une façon de voir le monde.

• Nous passons notre existence à rapprocher des images, des idées, nous reconstruisons ce qui nous entoure en effectuant notre propre sélection. Nous sommes les créateurs de notre « monde revisité ».

Pour conclure cette deuxième partie

La découverte de la nouveauté devrait passer successivement de l'étape de globalisation à celle de fragmentation. Cependant, cette succession peut être inversée. C'est ainsi que des notions très spécialisées peuvent bénéficier d'une vision plus large. Les replacer dans un contexte en se documentant de façon plus générale peut paraître chronophage, et pourtant cela constitue un gain de temps. Il faut savoir préférer la finalité à l'immédiateté.

Avoir une bonne vision d'ensemble est la priorité. Mais c'est le va-et-vient permanent entre détail et général, entre horizontalité et verticalité, entre dézoomage et zoomage, qui confère à l'esprit une fluidité favorisant l'appropriation, et nous guide vers le plaisir de la découverte et de l'effort.

PARTIE III

Organiser notre savoir… et bien faire

L'objectif de l'apprentissage est de construire un savoir, de lutter contre l'oubli et d'être capable de le restituer, ne serait-ce qu'à soi-même.

Une construction architecturale digne de ce nom repose sur de solides fondations, il devrait en être de même de notre savoir. L'alternance judicieuse entre globalisation et fragmentation doit normalement conduire à une progression homogène, qui aboutit à des paliers de complexité croissante. Chaque palier est le témoignage du degré d'expertise, qu'il faut savoir évaluer, corriger en rebondissant sur l'erreur. Par ailleurs, notre monde nous met face à une pléthore d'informations qu'il faut sélectionner puis consigner et consolider. Enfin, la restitution est une étape essentielle, qui ne sert pas seulement à la transmission mais participe à notre progression, surtout si elle s'accompagne d'échanges et de coopération.

CHAPITRE 10

Construire notre pyramide inversée du savoir

Trop souvent, l'acquisition des connaissances s'effectue dans toutes les directions, de façon anarchique, irrationnelle, avec des informations redondantes ou similaires, encombrant inutilement notre cerveau. Les individus n'ont pas conscience de la fragilité de leurs acquis et de l'instabilité de l'édifice construit. J'assimilerais cette désorganisation à celle d'une bibliothèque ou de notre ordinateur dans lesquels l'absence totale de classement rendrait la recherche et la consultation d'un livre ou d'un dossier impossible, ou encore celle d'un dressing dans lequel seraient entassés des vêtements de toutes sortes, difficiles à retrouver et à assortir.

L'image de la pyramide inversée représente la construction rationnelle de notre savoir telle que je l'imagine idéalement. En réalité, il s'agit d'une pyramide tronquée car nous ne partons pas de rien, mais du savoir inné.

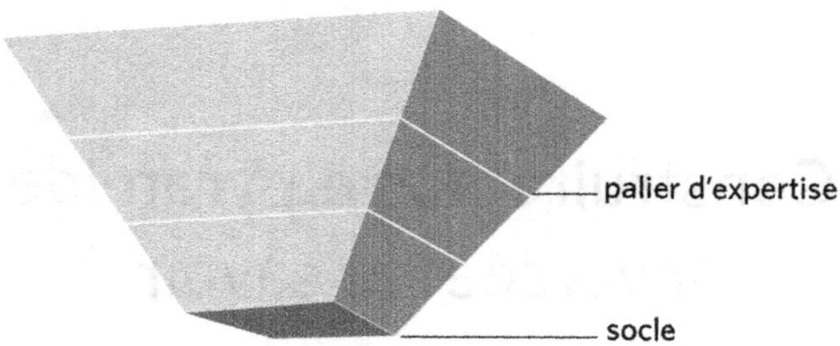

À partir d'un socle acquis lors de la période de globalisation, la progression *bottom-up* s'effectue dans toutes les directions sans délaisser des pans d'apprentissage, grâce à la globalisation et à la fragmentation. C'est ainsi que toute nouvelle acquisition s'ancre sur ce qu'on savait déjà comme les branches au tronc d'arbre.

Chaque niveau de connaissances représente un degré d'expertise relativement homogène, illustrant une vision holistique à chaque palier, qui fait douloureusement défaut chez certains spécialistes.

La progression s'accompagne d'une appropriation plus fluide des connaissances. Expertise, vitesse de lecture et progression sont intimement liées : plus on sait, plus on lit vite et plus on apprend vite et bien.

Il est parfois nécessaire de redescendre les marches pour résoudre un problème complexe, ce qui signifie un retour à des notions plus simples, mais ce n'est que temporaire.

Cette image est applicable à toute activité, intellectuelle, artistique, mais également à chaque tâche du quotidien.

Cette image de la pyramide inversée me semble une image optimiste, symbolisant la solidité de la progression qui s'accompagne de l'accomplissement et de l'épanouissement de soi.

CHAPITRE 11

Progresser vers l'expertise

Bien qu'il s'agisse d'un processus continu, on peut définir quatre stades d'apprentissage vers l'expertise : l'incompétence inconsciente, l'incompétence consciente, la compétence consciente, la compétence inconsciente.

- Le stade 1 est le stade inconscient où on ignore tout d'un sujet, que ce soit son étendue ou sa complexité. On est naïf car on ne sait même pas qu'on ne sait pas.
- Le stade 2 correspond à la prise de conscience de son ignorance et au début de la phase d'apprentissage, soit de façon autonome, soit à l'aide de cours ou de présentations.
- Le stade 3 correspond à l'accumulation du savoir ou d'un savoir-faire. Cependant rien n'est automatique.
- Le stade 4 correspond à une étape où notre savoir est facilement restituable sans réflechir, et où notre

savoir-faire passe sur un mode automatique, appelé procédural.

Prenons l'exemple d'une discipline artistique ou sportive (mais le même processus s'applique aussi bien aux langues et à tous les domaines d'apprentissage).

Au stade 1, le débutant ignore tout de la pratique du piano ou du tennis. Il restera peut-être à ce stade toute sa vie jusqu'au jour où, pour la première fois, il pose ses mains sur un clavier ou essaie de taper dans une balle de tennis avec sa raquette. Tant qu'il observait des personnes expérimentées dans un domaine donné, il n'avait aucune idée des difficultés. Il en prend alors conscience : c'est le stade 2. Pendant la phase 3, ses compétences vont s'améliorer. Puis ses gestes vont devenir progressivement plus fluides, jusqu'à l'acquisition des automatismes. Au stade 4, il canalisera ses efforts vers une interprétation musicale plus recherchée, ou vers des coups stratégiques visant à surpasser son adversaire.

L'approche neurocognitive peut aider à comprendre ce qui se passe entre le stade 3 et le stade 4. La mémoire répond à plusieurs classifications, nous en avons déjà analysé certaines. Elle peut également être divisée en mémoires déclarative et non déclarative. La mémoire déclarative est celle que l'on exprime par des mots lorsqu'on rappelle un souvenir. La mémoire non déclarative ou procédurale correspond à l'acquisition d'un automatisme, qu'il s'agisse d'un savoir-faire comme la pratique du vélo, ou d'un savoir comme celle d'une langue vivante. Lorsqu'on parle une langue couramment, c'est-à-dire sans réfléchir, on est devenu inconscient de sa compétence. On est passé du stade 3 au stade 4.

Mais à quel degré de savoir correspond la compétence consciente, c'est-à-dire le stade 3 ? Cela revient à connaître son niveau, c'est le sujet du chapitre suivant.

CHAPITRE 12

Évaluer son niveau, corriger ses erreurs

La correction est une étape trop souvent délaissée au profit de la course à la connaissance. Pourtant, elle constitue un des fondements de la progression, à condition d'être utilisée de façon efficace. Elle est trop souvent réduite à l'évaluation du niveau de savoir ou de savoir-faire grâce à la notation, l'enjeu étant d'obtenir le meilleur résultat. L'erreur est alors synonyme d'échec au lieu d'être analysée et utilisée pour s'améliorer.

Pourtant, nous savons naturellement corriger les erreurs. Le maintien des constantes vitales de notre corps, comme la température, la pression artérielle, dénommé homéostasie, repose sur la régulation par retour, appelé feed-back. Chez l'enfant, la progression par essais-erreurs constitue une des facettes de sa construction. S'il se brûle, il ne s'approche plus du feu ; s'il se fait une fois chiper sa friandise, la fois suivante il la gardera en sécurité.

L'analyse des réponses constitue la première étape de la culture positive de l'erreur.

La correction doit tenir compte de la réponse elle-même, juste ou fausse, mais également de l'idée qu'on se faisait de sa propre réponse par anticipation. En d'autres termes, il ne s'agit pas seulement de savoir ou de ne pas savoir, mais il faut aussi analyser son sens critique c'est-à-dire sa capacité à se juger.

C'est ainsi que chaque réponse devrait bénéficier d'un classement dans une des quatre catégories suivantes.

On pense savoir qu'on sait et on a raison d'en être persuadé ; on pense savoir qu'on ne sait pas et on a raison d'en être persuadé. Ces deux situations sont simples et répondent à un esprit clairvoyant. Je les nommerai S/S (je pense savoir/en réalité je sais) et NS/NS (je pense ne pas savoir/en réalité je ne sais pas). Savoir ce qu'on sait et ce qu'on ne sait pas permet de faire la sélection entre les notions acquises sur lesquelles il est inutile de s'attarder pour se concentrer sur celles que l'on ne connaît pas.

Les deux situations suivantes sont plus complexes ; on pense qu'on sait et en réalité on fait fausse route ou on pense qu'on ne sait pas alors qu'en réfléchissant un peu on aurait pu trouver la réponse. Je nommerai ces deux cas S/NS (je pense savoir/en réalité je ne sais pas) et NS/S (je pense ne pas savoir/en réalité je sais). Il y a une inadéquation entre notre savoir et notre jugement. La correction de l'erreur est doublement nécessaire, d'une part pour corriger l'erreur elle-même, mais aussi pour corriger notre jugement, ce qui est souvent plus difficile.

Grille d'autoévaluation

S/S	Je pense savoir/en réalité je sais	**NS/NS**	Je pense ne pas savoir/ en réalité je ne sais pas
S/NS	Je pense savoir/en réalité je ne sais pas	**NS/S**	Je pense ne pas savoir/ en réalité je sais

L'analyse et la correction de l'erreur préparent une progression rigoureuse et solide. Au contraire, ne pas corriger l'erreur lui ôte tout bénéfice et, plus encore, risque d'entraîner sa mémorisation. Le délai entre la restitution du savoir et la correction est même essentiel, car les réseaux de neurones se sont déjà constitués et il faut les déprogrammer en cas d'erreur pour les reprogrammer différemment. Parfois, il persiste un conflit entre les informations erronées et les informations corrigées, engendrant des questionnements lors d'une restitution ultérieure.

Ce processus s'applique dans toutes les disciplines, et pas seulement dans les disciplines purement intellectuelles. C'est ainsi que le footballeur ne doit pas seulement se réjouir quand il réussit son penalty, mais aussi analyser pourquoi il l'a raté ; comme doivent le faire le tennisman qui place mal sa raquette au moment du service ou le golfeur qui n'effectue pas le bon mouvement avec son club.

Je conclurai par cette affirmation d'Aristote : « Veux-tu que je t'enseigne le moyen d'arriver à la connaissance ? Ce qu'on sait, savoir qu'on le sait ; ce qu'on ne sait pas, savoir qu'on ne le sait pas : c'est savoir véritablement. » Et j'ajouterai : … à condition de corriger ses erreurs au lieu de les mémoriser.

Ainsi, la correction de l'erreur s'inscrit dans la culture positive de l'erreur, elle est synonyme de progression. Elle participe à l'estime de soi en permettant d'avoir une vision réaliste de ce qu'on sait.

CHAPITRE 13

Les phases de consolidation

Tant que persistent les réseaux de neurones, l'information est stockée. Mais ces réseaux neuronaux ont spontanément tendance à disparaître, ce qui correspond à l'oubli. Pour éviter ce phénomène, il est nécessaire de les réactiver et de les consolider grâce aux révisions. Par ailleurs, l'acquisition de nouvelles informations peut requérir certaines portions de réseaux neuronaux déjà constitués et répondant à la mémorisation d'autres informations. Il s'effectue alors un transfert d'utilisation, pouvant donner l'impression que tout se mélange dans notre tête. Ainsi, il y a coexistence de processus de formation, destruction, modification, réactivation. Il est donc nécessaire de procéder à des clarifications.

Pour optimiser la consolidation, des expériences sur la fréquence des séances de révision ont donné des résultats extrêmement précis. Je ne suis pas capable d'être aussi affirmative que certains spécialistes de la question, et je pense que les intervalles entre deux phases d'encodage d'une même donnée sont variables d'un individu à l'autre, d'un moment à l'autre, en fonction de la disposition d'esprit ou du type d'information traitée. Certaines personnes possédant une mémoire eidétique ou presque absolue affirment se souvenir du moindre détail et n'avoir pas besoin de phase de rappel, chaque nouveauté étant inscrite de façon quasi définitive. Au contraire d'autres souffrent de manquer de mémoire et auront alors besoin de plus d'une phase de réactivation.

Ainsi pour la plupart d'entre nous, l'étape de consolidation est indispensable, mais il revient à chacun de trouver la meilleure cadence. L'étape de consolidation est essentielle pour la prise de confiance en soi.

CHAPITRE 14

Consigner notre savoir : notre petit Wikipédia et le Post-it

Nous accumulons tout au long de notre vie une quantité considérable d'informations. Pourtant nombre d'entre nous ont la désagréable impression de ne pas retenir.

À notre décharge, la pléthore de données, la facilité d'y accéder au risque de s'y noyer, et surtout l'absence d'intervention de classement au moment de l'encodage ne nous permettent pas d'aller chercher au bon endroit de notre cerveau au moment du rappel. Rappelons-nous l'image de la bibliothèque ou du dressing… Le désordre est source d'oubli de même que la non-utilisation.

L'externalisation est un excellent moyen d'y faire face. C'est ce que je propose avec deux techniques qui sont « notre petit Wiki » et le Post-it.

À chacun son petit Wiki

Telle l'encyclopédie du Web, « notre Wiki » pourrait être constitué de notre propre recueil de connaissances, avec la présentation de notre choix, nos hyperliens, notre évolutivité permanente. Ce procédé s'applique évidemment à toutes les disciplines. Nos notes personnelles, circonstances dans lesquelles nous avons vu un film, réflexions qui ont suivi notre lecture, liste des invités à qui nous avons proposé notre nouvelle recette, permettent d'apporter des éléments qui nous sont propres et qui facilitent la mémorisation d'éléments communs à tous. C'est une façon d'optimiser la mémorisation sémantique grâce à la mémorisation épisodique et émotionnelle, puisque nos mémoires sont associatives. Sur le plan professionnel, tout notre parcours bénéficie d'une consignation rationnelle, résumés d'articles ou de séminaires, mais aussi répertoire de nos rencontres, en ayant soin d'y adjoindre des remarques pour solidifier le souvenir.

Élaborer son Post-it

Le Post-it, caractérisé par sa petite taille, ne cherche pas l'exhaustivité. Il correspond à un condensé d'informations constitué d'un enchaînement de mots clés selon des liens logiques. Il doit raconter une histoire. Il correspond à la reformulation du savoir qui est devenu nôtre, preuve de son appropriation.

Voici un exemple de Post-it qui pourrait expliquer le processus de sélection d'une expérience par le CIA.

Expérience → interrupteur agence de notation / expériences hippocampe bibliothèque

• Valence + ⇔ plaisir → R = refaire / CEO = ne pas refaire (efforts)

• Valence – ⇔ déplaisir → R = ne pas refaire/ CEO = refaire (efforts)

Il pourrait être détaillé de la manière suivante : notre agence de notation, véritable commutateur mental de notre cerveau, confronte chaque nouvelle expérience aux expériences mémorisées dans l'hippocampe, notre bibliothèque cérébrale, pour en analyser la valence.

Si la valence était positive, c'est-à-dire si l'expérience a procuré du plaisir, le centre inhibiteur de l'action (CIA) peut aiguiller, soit vers la voie réflexe pour réitérer l'action, soit vers le centre exécutif pour ne pas la réitérer.

Si la valence était négative, c'est-à-dire si elle a provoqué du déplaisir, le centre inhibiteur de l'action peut aiguiller soit vers la voie réflexe pour éviter l'action, soit vers le centre exécutif pour la réitérer.

Car on a envie de refaire ce qui fait plaisir et d'éviter ce qui cause du déplaisir. Pour éviter ce qui fait plaisir, et pour refaire ce qui cause du déplaisir, il faut faire des efforts.

La consignation partielle de nos connaissances, en nous laissant des indices pour garder en mémoire, nous rassure et nous donne confiance en nous.

CHAPITRE 15

Et si l'apprenant devenait l'enseignant

Rien n'illustre mieux notre degré de compréhension que notre capacité à restituer un contenu. Si notre auditoire est satisfait, c'est que notre esprit est limpide.

Le pédagogue devrait partir d'un socle nécessaire et suffisant pour progresser vers le tout, c'est-à-dire aller du plus simple au plus complexe. Au contraire, celui qui découvre seul part de la vision holistique et cherche à constituer un socle nécessaire et suffisant qui sera complété progressivement.

Vision d'ensemble, simplification, implication et narration sont les qualités de certaines conférences comme la thèse en 180 secondes ou les conférences TEDx.

La thèse en 180 secondes est un exercice d'éloquence consistant à présenter sa thèse en trois minutes, alors que, par définition, c'est la conclusion d'un travail de plusieurs années. Le public doit en avoir compris l'essentiel et être séduit par l'exposé.

Plus largement, les conférences TEDx, dont le concept avait été imaginé par Richard Saul Wuman en 1984, dans les domaines de la technologie, du divertissement et du design, connaissent de plus en plus de succès et sont largement utilisées. L'orateur capte son public grâce à son implication, par exemple en relatant son expérience personnelle. Par ailleurs, l'exposé est simple et progressif, avec très peu de slides mais qui doivent avoir un fort impact.

Nous sommes loin de ces cours en amphithéâtre que j'évitais le plus possible car leur exposé était souvent lent et soporifique. L'exercice oratoire est complexe, et la présentation exhaustive, dans le sens du texte, rend difficile la hiérarchisation des notions. Certains artifices peuvent aider – changements de ton, pauses, variations dans la vitesse de l'exposé. Dire et redire, du plus simple au plus compliqué, mieux que tout dire sans hiérarchisation, me semble un procédé efficace, qui rassure l'auditoire, capte progressivement son attention et l'entraîne dans une véritable immersion.

Parfois, essayer de transmettre une notion peut aider à la comprendre soi-même. C'est un procédé que j'ai toujours utilisé avec mes filles puis avec les apprenants.

Tu ne comprends pas ? Explique-moi et tu comprendras. D'ailleurs, il m'arrive fréquemment d'enseigner dans des domaines bien éloignés de ma formation, que je découvre en même temps que mon élève, et je n'ai aucune réticence à avouer mon ignorance. L'anecdote qui suit le confirme. J'avais demandé à un étudiant de résoudre devant moi un exercice de thermodynamique portant sur la cuisson des pâtes, pour comprendre ce qui le rendait hermétique. J'étais incapable de résoudre seule le problème qui dépassait mes compétences. Mais l'écoute attentive des différentes étapes du processus culinaire me permit de lui faire remarquer qu'il avait omis l'étape de refroidissement des pâtes sous l'eau pour stopper leur cuisson. Le problème fut donc résolu lorsque je mis au service de la physique mes notions pratiques de cuisine.

Les parents pourraient adopter plus souvent ce positionnement d'apprenants avec leurs enfants, ce qui pourrait également apaiser une relation conflictuelle sur le plan éducatif, suite au paradoxe suivant : beaucoup d'entre eux ont une attitude critique vis-à-vis des résultats alors qu'ils refusent de s'investir, prétextant ne pas se sentir à la hauteur. C'est la raison pour laquelle je revendique ma position parfois controversée qui donne aux parents le droit voire le devoir de participer à la formation de leurs enfants, au lieu de tout déléguer et de se sentir déresponsabilisés, car ils possèdent plus de capacités qu'ils ne le pensent. L'anecdote sur la cuisson des pâtes démontre qu'il n'est pas toujours nécessaire d'avoir fait de grandes études pour prodiguer des conseils de bon sens. Écouter est même parfois suffisant, un peu comme le psychanalyste dont la présence silencieuse permet pourtant à son patient de progresser d'une séance à l'autre.

La confrontation entre deux individus lors de l'apprentissage est souvent une source mutuelle d'enrichissement. C'est ce dialogue qui m'a permis d'appliquer la méthode Globalisation Fragmentation Plaisir à toutes sortes de disciplines, en particulier celles dont je ne suis pas familière. C'est ainsi que les sportifs m'ont confirmé l'intérêt de l'analyse de l'erreur, les managers m'ont souligné la difficulté de l'appropriation holistique dans un monde où il y a inflation des données, alors que j'avais compris par mon parcours de médecin qu'elle était essentielle... Ce sont ces échanges constants qui m'ont aidée à transformer une méthode d'apprentissage en un mode de pensée.

Socrate pratiquait le dialogue avec ses élèves, dans une position d'équilibre réciproque : c'est ce dialogue socratique que je suggère d'expérimenter au lieu de considérer l'enseignant dans une position dominante. L'ignorance et le savoir ne sont pas opposés mais s'inscrivent dans un processus qui peut conduire à la vérité. D'ailleurs, depuis plusieurs décennies, la gestion du savoir de l'entreprise est reconnue comme une clé de la réussite tant collective qu'individuelle. Et la circulation des connaissances y est à double sens, chacun pouvant tour à tour transmettre son savoir ou s'approprier celui d'un autre : il s'agit du *knowledge transfer*, le « transfert de connaissances ».

Ainsi, la pédagogie n'est plus seulement illustrée par un triangle figé entre savoir, enseignant et apprenant, mais plutôt par une balance protéiforme entre le détenteur et le destinataire, dont les interactions sont essentielles.

Savoir restituer ses connaissances traduit non seulement qu'elles sont acquises, mais qu'elles bénéficient d'une organisation dans notre pensée. L'estime de soi que peut engendrer cette étape mérite de la mettre à profit.

CHAPITRE 16

Prendre le contrôle du Web

Internet peut donner le meilleur comme le pire.

Internet constitue souvent une source de facteurs distracteurs et conduit à des problèmes d'attention. Nous sommes submergés par les e-mails et les SMS que nous recevons et qui viennent perturber la tâche que nous effectuons.

Internet peut entraîner de l'addiction. C'est ainsi que les réseaux sociaux, les jeux vidéo ou les séries sont des activités chronophages, qui détruisent l'envie d'apprendre et de faire, prenant le pas sur notre *libido sciendi*, dont saint Augustin parle comme d'une pulsion fondamentale.

Mais Internet, grâce au Web, représente le coffre ouvert de la connaissance et constitue un moyen facile de trouver les réponses. Il est possible à tout moment de s'intéresser à un domaine nouveau, grâce à des tutorats, des podcasts, et toutes sortes de présentations qui répondent à notre goût et à nos intérêts. Sur le plan professionnel, la plupart des articles, résultats de recherches dans de nombreux domaines, y sont répertoriés.

Cependant, la facilité d'accès au savoir n'est qu'apparente. Car le Web n'est pas une bibliothèque bien rangée et le choix judicieux des mots clés pour une recherche constructive est conditionné par l'expertise, d'autant que le niveau des articles est très variable, et les informations pas toujours validées. C'est ainsi que l'autoapprentissage de la médecine, s'il conduit parfois les patients à participer davantage à leur prise en charge parce qu'ils savent davantage de quoi les médecins leur parlent, est parfois source d'angoisse inutile. J'ai voulu tester ChatGPT sur la conduite à tenir face à certains diagnostics médicaux, et les résultats sont souvent très inquiétants, mais heureusement faux…

Par ailleurs le Web est un véritable labyrinthe dans lequel on peut se perdre si on commence à emprunter les hyperliens, propices au vagabondage de l'esprit, et il est parfois difficile de garder une intention simple sans se laisser égarer. Il contient d'ailleurs en lui-même un paradoxe, car l'expertise est nécessaire pour optimiser la navigation alors même que l'internaute cherche à atteindre cette expertise. À nouveau, c'est notre capacité à lire le plus vite possible qui nous permettra d'atteindre la vision holistique, sans craindre de nous perdre si notre intention est bien définie et si nous prenons soin de ne pas nous attarder sur les détails. La sélection se fera automatiquement dans notre cerveau si notre recherche est en adéquation avec notre niveau de connaissances. Notre expertise nous tient donc lieu de moteur de recherche sur le Web, qui, lui, joue le rôle de mémoire externalisée. Aujourd'hui, le savoir holistique n'est plus synonyme de tout connaître, mais correspond à notre capacité à repérer l'emplacement des informations qui nous intéressent.

Avec le Web, notre savoir réduit à sa première définition s'est transformé en savoir stratégique.

Pour conclure cette troisième partie

Comme la globalisation et la fragmentation, le processus de construction du savoir repose sur des techniques qui sont aussi des moyens de vaincre nos inhibitions et qui peuvent nous conduire vers le plaisir de la découverte et de l'effort. C'est ainsi que toutes les étapes décrites dans ce troisième volet du concept GFP participent à l'estime de soi. Leur caractère actif rassure et motive. La correction des erreurs et leur analyse positive luttent entre autres contre la peur de l'échec et donc la procrastination. Enfin toutes ces étapes actives mettent en jeu la volonté et captent l'attention.

Ainsi, cette troisième étape symbolise l'aboutissement d'une méthode au service du plaisir de découvrir et d'apprendre.

Conclusion

J'espère que cette première lecture rapide vous a déjà fait prendre conscience que le concept Globalisation Fragmentation Plaisir pourrait vous être utile.

Nous sommes partis du constat suivant : on fait bien ce qu'on aime et on finit par aimer ce qu'on fait bien. En analysant les inhibitions nous empêchant de faire et leur lien étroit avec le plaisir ou le déplaisir, nous avons conclu qu'aimer ce qu'on fait nous libère : il faut donc aimer faire pour bien faire.

Le concept GFP n'est pas seulement un moyen pour apprendre, mais correspond à un mode de pensée particulièrement optimiste puisqu'il nous rend capable de transformer ce qui est ingrat en plaisir. En nous faisant gagner du temps et de l'énergie pour les activités les plus simples, en leur donnant du sens, la méthode GFP nous donne l'élan nécessaire pour nous tourner vers des activités plus complexes et trouver du plaisir dans chaque chose.

La méthode Globalisation Fragmentation Plaisir est proche, dans sa démarche, de la thérapie comportementale et cognitive qui tient compte des symptômes qui nous freinent et propose des solutions pour faire différemment plutôt que de chercher à comprendre le passé. Son objectif : guérir notre esprit pour guérir notre comportement. En choisissant de suivre la méthode GFP, vous faites le choix de l'itinéraire le plus rapide pour passer de la souffrance au plaisir, de la soumission à la liberté.

Accéder au bonheur de la connaissance, de la découverte, représente la finalité de cette démarche et n'est pas réservé à certains. Ce n'est pas le hasard qui y mène mais un processus qui repose sur un travail personnel, une volonté, un défi pour soi. Il ne suffit pas d'avoir envie de faire, il faut faire. Car vous en êtes capable. Comme disait George Eliot, romancière britannique du XIXe siècle : « Il n'est jamais trop tard pour devenir ce que nous aurions pu être. »

Le mot hébreu *lamed* signifie « étude ». Or, graphiquement, la lettre *lamed* ל dépasse les autres lettres, symbolisant l'élévation par l'apprentissage. Tout au long de cet ouvrage, j'ai alterné l'évocation de tâches intellectuelles et de tâches plus quotidiennes. Je suis persuadée qu'apprendre à bien faire et faire avec plaisir apporte à chaque chose, même la plus insignifiante, une certaine spiritualité. Faire avec plaisir ne consiste pas nécessairement à trouver du plaisir dans la chose à faire, mais c'est la quête même du plaisir de faire qui constitue le plaisir lui-même.

Enfin la transmission du savoir donne le savoir à l'autre sans que celui qui transmet s'appauvrisse de ce qu'il sait, bien au contraire, comme la flamme. La transmission du savoir, c'est comme l'amour. La transmission est une preuve d'amour.

« Tout le monde veut vivre
au sommet de la montagne
sans savoir que le secret du bonheur
réside dans son ascension. »

Gabriel GARCIA MÁRQUEZ.

Bibliographie

La bibliographie que je présente est loin d'être exhaustive car certaines notions ont été tellement assimilées depuis des années que je ne sais plus à qui je les ai empruntées. Je ne peux cependant omettre de citer les auteurs qui ont révolutionné ma pensée. Mais ma vraie bibliographie est celle de mon existence, de mes rencontres, de mes observations, de l'analyse et de l'acceptation de mes erreurs, ainsi que de l'exploration de mes intuitions.

- LIVRES

André C., *Psychologie de la peur. Craintes, angoisses et phobies*, Odile Jacob, 2005.

Bartolomeo P., *Penser droit*, Flammarion, 2020.

Csíkszentmihalyi M., *Vivre la psychologie du bonheur*, Robert Laffont, 2004.

Cohen L., *Le Cerveau en pièces détachées*, Odile Jacob, 2007.

Dehaene S., *Les Neurones de la lecture*, Odile Jacob, 2007.

Edwards B., *Dessiner avec le cerveau droit*, Mardaga, 2014.

Lachaux J.-P., *Le Cerveau attentif*, Odile Jacob, 2013.

Lachaux J.-P., *Les Petites Bulles de l'attention*, Odile Jacob, 2016.

Lachaux J.-P., *Le Cerveau funambule*, Odile Jacob, 2018.

Lanarès J., Laperrouza M., Sylvestre E., *Design pédagogique*, Épistémé, 2003.

Lungu V., *Knowledge management en entreprise*, Gereso, 2019.

Oughourlian J.-M., *Des choses cachées depuis la fondation du monde*, Grasset, 1978.

Oughourlian J.-M., *Un mime nommé désir*, Grasset, 1982.

Oughourlian J.-M., *Genèse du désir,* Carnets du Nord 2007.

Oughourlian J.-M., *Votre cerveau n'a pas fini de vous étonner,* Albin Michel, 2012.

Oughourlian J.-M., *Notre troisième cerveau,* Albin Michel, 2013.

Oughourlian J.-M., *Le travail qui guérit l'individu, l'entreprise, la société*, Plon, 2018.

Oughourlian J.-M., *Optimisez votre cerveau,* Plon, 2019.

Oughourlian J.-M., *L'Altérité*, Desclée de Brouwer, 2020.

Perry J., *La Procrastination. Les bienfaits de reporter au lendemain*, Marabout, 2019.

Podrovnik G., *On verra demain. Excursion en procrasti-nation*, Hachette, 2021.

Proust M., *À la recherche du temps perdu* [1917], Gallimard, 1992.

Rizzolatti G., Sinigaglia C., *Les Neurones miroirs,* Odile Jacob, 2008.

• ARTICLES

Brunet A., Saumier D., Liu A., Streiner D., Tremblay J., Pitman K., « Reduction of PTSD symtoms with pre reactivation propanonol therapy », *Psychiatry,* 2018, 175 (5), p. 427-433.

Dubois C., « La métacognition et ses effets sur les apprentissages scolaires », mémoire de master, université de Rouen-Normandie, 2017.

Espalier S., Guillaud J., « Étude de la corrélation entre copie et dictée chez les enfants normo-lecteurs et dyslexiques », mémoire de médecine, université Pierre-et-Marie-Curie, 2014.

Atelier-rencontre du groupe Focus et Euris Qualité « Culture de l'erreur apprenante », Pau, 2018.

Remerciements

Je remercie Odile Jacob, qui me fait à nouveau l'honneur de faire partie de sa prestigieuse maison d'édition.

Je remercie le professeur Laurent Cohen, qui, à nouveau, a validé mon projet.

Je remercie Caroline Rolland pour sa grande patience, et pour ses remarques judicieuses qui me font chaque fois progresser.

Je remercie mon mari et mes quatre filles qui m'ont écoutée et qui n'ont pas hésité à me critiquer.

Table

PARTIE III

Organiser notre savoir… et bien faire

DU MÊME AUTEUR
CHEZ ODILE JACOB

Savoir par cœur sans apprendre par cœur, 2020.

Ouvrage proposé par Laurent Cohen

Inscrivez-vous à notre newsletter !

Vous serez ainsi régulièrement informé(e)
de nos nouvelles parutions et de nos actualités :

https://www.odilejacob.fr/newsletter

Cet ouvrage a été composé
en ITC Galliard et en Whitney
par Nord Compo
à Villeneuve-d'Ascq (Nord).

N° d'édition : 4150-0552-X – N° d'impression : 072375929
Dépôt légal : septembre 2023

Imprimé en France par Présence Graphique